お父さんのための子育ての教科書

七田式主宰
株式会社しちだ・教育研究所代表
七田 厚

ダイヤモンド社

はじめに

イクメン――ご存じの通り、「積極的に育児をする男子（メンズ）」という意味の造語です。この言葉が雑誌やネットでよく見られるようになったのは、ここ10年ほどのことだとか。

ちなみに私はいま56歳。長男・長女・次男の3人の子供の父親です。子供といっても、次男もすでに大学生ですから、私が本格的に子育てをしていたのは、ひと昔もふた昔も前のことになりますが、当時は進んで育児に取り組んでいました。ですからイクメンの走り、イクメンの先輩といえるかもしれません。

早く子供がほしい、早く子育てをしたいと思っていたので、実際に体験する子育ては楽しくて仕方がありませんでした。しかし、やはり戸惑うことが多く、試行錯誤の連続で失敗もたくさんしました。足を怪我しているのに気づいてやれず、「速く歩きなさい」と叱ったり。「出張先からＦＡＸするね」と約束したのに、うっかり忘れて、娘を泣かせたりもしました。

妻も出張が多い仕事をしていたので、彼女が留守のときは私一人で幼い3人の世話をしなければいけない日もありました。朝、自分の出勤の用意をしつつ、上の子を小学校に登校させ、下の2人を着替えさせ、保育園の連絡帳にメッセージを書き、「さぁ、出かけよう」と思ったら末っ子のおむつに異変が!! どうにか3人を送り出したり、預けたりして会社に向かう頃には私自身がぐったり、などということもありました。自分の時間もなかなかつくることができません。子育ては本当に大変です。

しかし、わが子が日々成長し、一人の人間として頼もしくなっていく姿を見るのは、親にとって最高の幸せです。

そして、育児は「育自」でもあります。子供によって私たち親も成長していくことができます。やはり子育てはすばらしいものです。

昭和の時代には「男性は外で働くもの、子育ては女性がするもの」というのが社会的な通念でした。平成になってイクメンという語が生まれたように、積極的に子育てをする男性が増えてきたものの、一方では慣れない育児のストレスから「男性の産後うつ」にかかったり、子供との接し方がわからずに悩むお父さんも少なくないようです。そんなお父さんたちにも子育てを楽しんでいただけるように、イクメンの先輩である私なりの、「父親ができる子育て学」を紹介しようというのが本書の目的です。

おっぱいはお母さんでなくてはあげられません。いつも子供に寄り添ってこまやかな愛情をかけるのも、どちらかというとお母さんの得意分野でしょう。

しかし逆に、「父親にしかできない育児」というものがあります。

まず、お父さんの育児は「量より質」です。専業主夫という選択肢もありますが、お父さんの多くは仕事をおもちでしょうし、朝、子供が起きる前に出勤し、帰宅は深夜といった方もなかにはいらっしゃるでしょう。それも仕方がありません。家族を養うために仕事をするのは親の大切な務めの一つなのですから。

その代わりに、父子で一緒に過ごせるときには、子供の思い出に残るような過ごし方を工夫してみてください。

難しく考えることはありません。日常のなかに小さなドラマをつくればいいのです。たとえば、動物園や博物館などに行くとしましょう。でも、ただ行くだけではドラマ性がありません。「○日には動物園に行こう！」と約束してカレンダーに印をつけ、動物図鑑などを渡して、「どんな動物を見てみたいか、考えておいて」と提案しておくのです。そうすると子供はワクワク感が増しますし、図鑑などを見ることで知育にもつながります。こういうちょっとした工夫をすることが、子育ての質を高める秘訣です。

それからもう一つ、父親だからこそできる重要な子育てがあります。それは、「子供の心に残るエールを送る」ということです。

子供はいつか必ず親元を離れ、自分独りの力で生きていかなくてはなりません。その後の人生で迷ったとき、悩んだとき、壁にぶつかったときに生きる力になるような励ましの言葉を、子供にかけてあげるように心がけてほしいのです。

私の父・七田眞は、早期教育の重要性にいち早く着目して「七田式教育理論」を創始した教育者です。塾や幼児教室で指導したり、全国を講演で飛び回るなど多忙な父でしたが、普段から私たち子供の性格や言動をよく観察して、道理にかなった言葉をかけてくれたものです。また父の言葉の裏にはいつも、子供たちに対するあふれんばかりの愛情と信頼が込められていました。そうした父の言葉の数々がいまでも私の人生の支え、生きる原動力になっています。

世のお父さんたちにも、ぜひそんな親子関係を築いていただけたらと思います。


さて、冒頭にあたってもう一つ、お伝えしておきたいことがあります。

子供は無限の可能性をもった才能のかたまりです。その才能が開花するような環境づくりをすること――これが子育てで重要な点だということです。これはお父さんだけでなく、もちろんお母さんも、そしておじいちゃまやおばあちゃまも、ぜひ心がけてください。

なにもケンブリッジ大学やハーバード大学に飛び級で入れるような天才児に育てましょう、と言っているのではありません。単にアタマがいい子やＩＱが飛び抜けて高い子にしましょう、というのとも違います。

学校に上がってから勉強で苦労することなく、授業にしっかりとついていける。そして豊かな才能を活かして人生を謳歌《おうか》することができる――そういう人間に育てるということです。

「蛙《かえる》の子は蛙」ではありません。親は絵が下手でも、環境次第で子供は芸術家になることができます。親は算数が苦手でも、育て方次第で子供は一流の数学者になることもできます。そのポイントはどこにあるのかといえば、0歳から小学校低学年までにどのような環境で育てたかにあるのです。だいたいその期間に、子供の性格、資質、才能はほぼ決まってしまうからです。

でも、「あ〜、うちの子は小学校の高学年だからもう遅い」とがっかりしないでください。愛を込めて育てれば、子育てに遅すぎるということはありません。

勉強よりも愛が先。愛が大事。これが七田家の教育方針です。親の愛をしっかり伝えることができれば、結果として賢い子供に育ちます。つまり、誰でも、いつでも、素質や才能を伸ばす子育てを始めることができるのです。

さぁ、それでは、いますぐ一緒に始めましょう。

2019年10月

七田　厚

Contents

chapter 01

お父さんに してほしい子育て

子育ては楽しい！
お父さんもどんどん育児に関わろう

いま、私は全国で講演会や子育てセミナーを行い、子育て真っ最中の親御さん、おじいちゃまやおばあちゃま、そして、まもなく子育てが始まるプレパパやプレママなどとお会いします。講演後の質問コーナーで、プレパパからときどき「子育ては本当に楽しいですか？」と尋ねられることがありますが、いつも即座に「はい、楽しいですよ」と答えます。

わが家には、長男・長女・次男の3人の子供がいます。次男もすでに19歳で、いまは大学生で親元を離れて暮らしていますから、私自身の子育て業はもう終わっています。しかし、もし機会に恵まれるなら、ぜひまた子育てをしたいと思っています。子育ては私にとって、それほど楽しくて有意義なものでした。

楽しい思い出はたくさんあります。振り返ってみていちばん印象に残っているのは、子供と一緒に頑張った思い出です。

長女が中学1年生のとき、「漢検*を受けたい」と言い出しました（*日本漢字能力検定）。調べてみると、家族で受験して全員が合格すると、個人の表彰状に加えて家族の名前が入った表彰状をもらえるというので、長女と小学5年生の次男、そして私の3人で受験することに決めました。長女は4級、次男は5級、私は2級、それぞれが少しずつ頑張らなければ合格できない級です。

私はそれ以前に、2級を受けるつもりで勉強したことがありましたが、過去問を何度やっても合格ラインに届かなかったので、受けても無駄と思い、そのときは受験そのものをやめたのです。

しかし、家族受験となれば話は別です。「あのとき、お父さんだけ落ちたよね」と言われたら立場がないので、必死に勉強を始めました。子供たちも私の姿に触発されたのか、自分から進んで取り組み、夕食後のテーブルは親子3人の勉強の場になりました。

私が携帯ゲーム機用の過去問ソフトを見つけ、それで勉強をし始めたら、「お父さんばっかり、ずるいずるい！　ぼくにもやらせて」「次は私！」とせがまれ、「よし、じゃあ一人30分ずつ使おう」と、3人でゲーム機を共有したこともありました。私が仕事で忙しくしていると、「お父さん、漢検の勉強、頑張ってる？」と、励ましてくれたこともありました。

試験当日のことはほとんど記憶にありませんが、それまでの間に親子で励まし合い、声をかけ合い、ともに頑張ってきたことは脳裏に焼きついています。そして何よりも子供の頑張り、根気強さ、人を思いやるやさしさなど、子供が成長していることを実感して感動したのです。

もちろん一人の人間を育て上げるわけですから、子育てには苦労がたくさんあります。親は仕事と両立しなければならず、自分の時間はほとんどなくなります。夜中に泣いて起こされ、睡眠不足になることもあります。子供が大きくなってくると、重くて抱っこするのが苦痛になりますし、仕事や家事で忙しいときに言うことを聞いてくれないと、ほとほと閉口します。

しかし、そんな苦労をしても余りあるほどの喜び、嬉しさ、そして感動があります。子供に日々、積極的に関わって、それを味わってみてください。
また人は、人を育てることで自らも成長していきます。子育ては親が成長する絶好のチャンスでもあります。育児は「育自」なのです。ぜひ子育てを楽しんでください。

Point of child care

お父さんの子育てポイント

子育ては苦労も多い。
しかし、余りある喜びや感動を実感できる。
親自身が成長するチャンスにもなる。

生きる支えになる言葉をかける

「父親が育児に関わった子供は、言語能力にすぐれ、自尊心が強く、問題行動を起こしにくい」という研究結果が、アメリカで出たそうです。

日本でも、専業主夫というライフスタイルや男性の育児休業が話題にのぼることが多くなったものの、2017年版の『少子化社会対策白書』によると、実際に育休をとった男性の割合は約3％にすぎず、しかもその半数以上は取得日数が5日未満でした。2019年に厚生労働省から発表された2018年度の『雇用均等基本調査（速報版）』を見ると、男性の育休取得率は約6％で、6年連続で上昇しています。しかし、理想と現実の間にはまだ大きなギャップがあると言わざるを得ないでしょう。

そんな状況でも、お父さんだからこそできる子育てがある、と私は考えています。

その一つは、子供の心に残るエールを送ることです。

仕事をもっているお父さんは、子供と過ごす時間があまり取れないかもしれません。そうだとしても、限られた時間のなかで子供にとって励ましになる言葉、勇気を与える言葉をかけ続けてあげられたら、それは子供がこれからの人生を生きていく上で大きな原動力になります。

私の知人で会社経営をしている人がいます。これまで何度も経営危機に見舞われましたが、そのたびに小さい頃に親に言われた「お前は大きくなったら絶対にひとかどの人物になる」という言葉を思い出し、踏ん張って乗り切ってきたそうです。

坂本龍馬。この幕末の英雄も、子供の頃は気が弱くて泣いてばかりだったそうです。12歳までおねしょをし、近所で「坂本の寝小便《よばあ》たれ」と、からかわれていたというのは有名な話です。勉強もできず、塾の師匠に「とても面倒を見切れない」と見放されました。長兄でさえ「あいつは坂本家の廃《すた》れ者になるかもしれない」と言いましたが、「いいえ、龍馬は、土佐はおろか日本に名を残す人物になります」と信じて教育し、見守り続けたのが、3歳上の姉・乙女《おとめ》でした。

世間的な価値観や物差しで子供を判断するのは、真の子育てではありません。子供の可能性に気づき、それを信じて伸ばしてあげるのが真の教育です。お父さん、お母さんには、そのような子育てをしていただきたいと思います。

そしてお父さんはぜひ、生きる力となるような言葉を子供にかけてあげてください。カッコいいことを言う必要などありません。たとえばこんな感じでいいのです。

「あなたはとてもやさしいから、仲間がいっぱいできて、将来は皆といい仕事をする人になると思うよ」

「お前はちょっとそそっかしいところもあるけれど、本番にはとても強いよね。これからピンチや試練があるだろうけど、お前ならきっと乗り越えていけるよ」

先述したエピソードの知人は、じつは早くにご両親を失くしているのです。亡くなったあとも子供を支え、勇気を与え続け、苦境から救い出してくれる親。すばらしいと思いませんか。どうかそんなお父さんになってください。

Point of child care

お父さんの子育てポイント

世間的な物差しで判断しない。子供のもつ可能性に気づき、信じてそれを伸ばすのが真の子育て。

お父さんの子育ては「質」で勝負

仕事が忙しくて帰宅時間が遅く、なかなか子供と遊ぶ時間が取れないというお父さんも多いでしょう。

ベネッセ教育総合研究所が、日本、中国、インドネシア、フィンランドの4か国を対象に、お父さんが平日にどれくらい子供と一緒に過ごしているかを調査したところ、日本では1時間未満と答えた人が35・5%ともっとも多く、4か国のなかでいちばん時間が短いことがわかりました（出典／ベネッセ教育総合研究所『幼児期の家庭教育国際調査2018年』）。

「働き方改革」が進んで平日の帰宅時間がもっと早くなれば、子供と過ごす時間

図表1　平日に父親が子供と過ごす時間

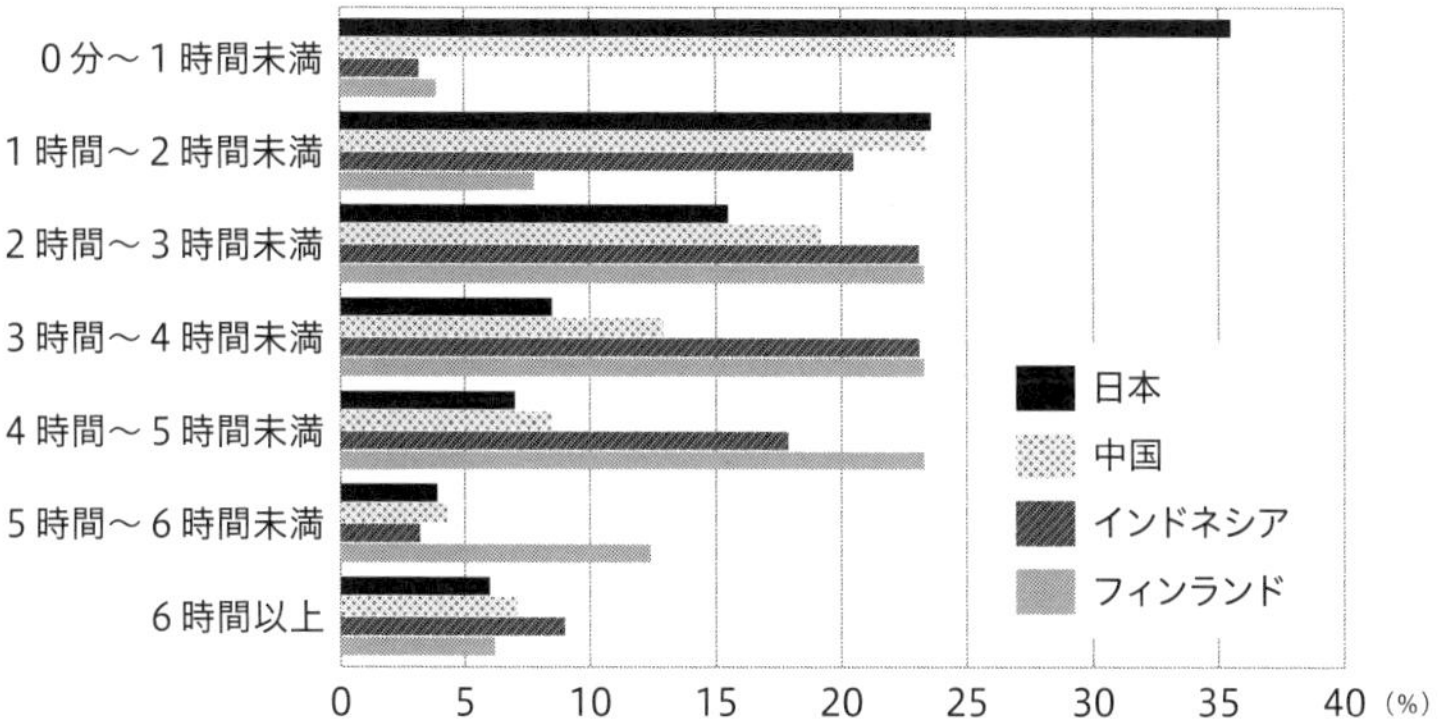

出典／ベネッセ教育総合研究所『幼児期の家庭教育国際調査2018年』

も増えるでしょうが、一朝一夕《いっちょういっせき》にはいきません。それなら過ごし方を工夫するようにしましょう。

つまり、「量」を増やすのではなく、子育ての「質」を高めるのです。私が子育てをするなかで実際に行ってきた、いくつかの方法を交えて紹介します。

成長につながる遊びをする

子供にとって「遊び」は「学び」です。言葉を覚えたり、やり方を理解したり、ルールを守ったり、体を使ったり、子供は遊びを通して心身を養い、知識や知恵を身につけていきます。もしも子供と一緒に過ごす時間が限られているのであれば、ただ漠然と遊ぶのではなく、遊びを通して子供が成長できるように工夫してみてください。

○しりとり

私は子供たちとよく「しりとり遊び」をしました。ご存じのように、ウサギ→ぎんがみ→みみず……といった具合に、単語の最後の音節をとり、その音節から始まる単語を言っていく遊びです。

しりとり遊びをするには、たとえば「ウサギ」という一つの単語を「ウ・サ・ギ」と3つの音節に分解する力、単語の最後の音節が「ギ」であることを意識する力、最後の音節を単語から抜き出す力など、さまざまな能力が必要です。このような能力は生まれつき身についているのではなく、成長とともに育まれるもので、正しい発音をしたり読み書きをする際にも不可欠な能力です。

また、しりとり遊びは語彙《ごい》を増やしたり、ものの名前を覚えたりすることにも役立ちます。少し年齢が上がってきた子供と遊ぶときは、三文字の単語に限定したり、部屋のなかにあるものから言葉を探すなど、ひとひねりするといいでしょう。

○トランプ

私は常々、トランプ遊びの良さが見直されるべきだと思っています。数字に親しんだり、数の大小の概念を学んだり、遊び方を理解したり、記憶力や集中力を育てるといった知育面に非常に有効ですし、決められたルールを守るといった社会性を育む機会にもなるからです。

勝つ喜びや負ける悔しさを体験することもできます。また、勝った相手のために喜ぶ、負けた人を励ますといった思いやりの心も、トランプ遊びを通して教えたいものです。

幼稚園児くらいから遊べるものとしては、「ババ抜き」「7並べ」「神経衰弱」などがあります。小さな子供の場合は、大きい子や大人がペアになって、アドバイスしながら進めるといいでしょう。

ババ抜きは手が小さいうちはカードが多いと持ちにくいので、1から10までのカードだけを使うとか、神経衰弱も慣れるまでは1から5までのカードだけで遊ぶなど、工夫してみてください。

○CD

わが家では車での移動中に、鳥の鳴き声や動物の鳴き声、楽器の音などを集めた子供向けのCDをかけていました。声や音のように文字では学べない知識を身につけさせたいときに、CDは便利です。子供が興味を示した鳥や動物の鳴き声があったら、あとで一緒に図鑑を開き、その鳥や動物のことを調べるようにすると、知識や記憶が定着しやすくなります。

わが家の子供たちは落語のCDも大好きでした。子供向けに内容をわかりやすくし、集中力が続くように一席5～10分程度に短縮したものが市販されています。音のみで映像がないCDは、イメージ力を養い、創造性や記憶、読解力や計算力、企画力などに関係する右脳を活性化するのに役立ちます。

子供の視野や世界を広げる遊びをする

子供の視野や世界を広げ、能力や可能性を引き出すためには、いろいろな遊びを体験させることが非常に重要です。

普段、インドアで遊ぶことが多い子供なら、週末や休暇などを利用して、お父さんがアウトドアの遊びに連れて行ったり、ちょっとワイルドな遊び、冒険的な遊びを体験させてあげてください。わが家ではよくフィールドアスレチックや、芝生をそりで滑り降りる芝滑りなどに行ったりしました。

その逆に、いつも外で活発に遊んでいる子供には、図書館や博物館などで文化面に触れさせるといいでしょう。最近は、自治体主催のイベントが充実し、親子で参加できる無料のものも増えています。

卓球の平野美宇選手（2000年生まれ）、フィギュアスケートの本田真凜《まりん》選手（2001年生まれ）、将棋棋士の藤井聡太七段（2002年生まれ）、ピアニストの奥井紫麻《しお》さん（2004年生まれ）——各界で目覚ましい活躍をする10代の若者が増えています。彼らには一つの共通点があるといえます。それは、幼い頃からある分野に興味をもち、才能を伸ばしてきたという点です。

とくに、幼少期の子供は好奇心のかたまりです。興味をもったものに対しては探求心がムクムクとふくらんで、驚くべき集中力で取り組み、能力を開花させていきます。藤井聡太さんは5歳で将棋教室に入会したとき、まだ読み書きができないにもかかわらず、師匠から渡された500ページ近くもある将棋の本を「符号」を頼りに読み進め、1年後には完全に理解し、記憶していたといいます。

子供がどのような世界に興味を示して夢中になるかは、誰にもわかりません。親が思ってもいない分野に興味をもち、才能を開花させることも稀ではありません。親がすべきことは、子供にいろいろな世界を体験させること。そして、子供のなかに芽生えた〝興味の種〟を見逃さず、それを伸ばす手助けをすることです。

子供は本当に興味をもったことでなければ、夢中になりません。親が「こんなことに興味をもってほしい」「この分野で才能を伸ばしてほしい」と、勝手にレールを敷いて導こうとするのは良くありません。

子供にいろいろな世界を体験させるには、お父さん自身も日頃からチャレンジ精神をもって、視野を広げる努力をすることです。また、お父さんが苦手な分野のことについては、親戚やママ友・パパ友に協力してもらうといいでしょう。私の知人は虫捕りや川遊びが得意で、親戚のお子さんや近所の子供たちを連れて、山や川に遊びに行くことがあるそうです。

Point of child care

お父さんの子育てポイント

お父さんがすべきことは
子供にいろいろな遊びを体験させ、
芽生えた〝興味の種〟を見逃さないこと。

何を目指して子育てをしていくか

親は、子供をどのように育てればいいのでしょうか。子育ての目標をどこに設定すればいいのでしょうか。子育てを漠然と行わないために考えておく必要があります。

私は、「一人で生きていける人間に育てること」をゴールだと考えて、子育てをしてきました。

「一人で生きていける」というと、自分でお金を稼いで生活していく「経済的自立」をイメージするかもしれませんが、もちろん経済的自立は、高校あるいは大学などを卒業したあとになるでしょう。その前に、一人で生きていけるようにするために身につけておくべきことが二つあります。

一つは、「人として正しく生きる力」です。

ここでいう「正しく生きる」とは、歯を磨くとか顔を洗うとか、片づけをする、勉強をするといった日常生活レベルのことではありません。ものごとの善悪、人としてやって良いことと悪いことをしっかりと判断して生きていく、ということです。具体的には次の三つを指します。

①人を傷つけない、自分も傷つけない

肉体的に傷つけることはもちろん、精神的にも傷つけてはいけません。たとえば、「友だちを傷つける言葉を言わない」などがそうです。自分を傷つけないということのなかには、「道路に急に飛び出さない」「駅のホームの端を歩かない」といったことも入ります。

②人に迷惑をかけない

好き勝手をすると、周りの人に迷惑をかけてしまいます。たとえば、走りたいからといって電車や病院のなかで走り回ったら、他の人の迷惑になります。自分は楽しくても、人に迷惑をかけるのであれば、それは「わがまま」です。

③自分のしたことに責任を取る

子供が「○○したい」と言ったとき、親としてそれが難しいことだとわかっていても、頭ごなしに否定するのは良くありません。せっかくの成長の芽を摘むことになるからです。したいことをする自由には必ず責任が伴うこと、自分で責任を取らなければいけないことを、小さなうちから教えるようにしてください。

「責任を取る」ということを子供にわかりやすく説明するには、「したいようにしてもいい。でも、それをすると、こういう結果になる。それがわかっていて、それでいいと思うんだね。それはあなたの責任だよ」という具合に話すといいでしょう。

人としてやってはいけないことを子供がしたら、きちんと叱らなければいけません。とくに、1歳から6歳までの間は、叱ることが大切です。叱れない親御さんが増えているようですが、間違ったことをしても叱らずに放っておくと、子供は「お父さんは私のことを愛していない」と感じるようになります。

きちんと叱ると、「ぼくのことを愛しているから、いけないことはちゃんと叱って教えてくれるんだ」とわかるのです。叱り方については、Chapter03でさらに詳しく説明することにしましょう。

さて、一人で生きていくために身につけておくべきことの二つ目は、「やるべきことに自分から取り組む力」です。

まずは私の体験談からお話ししましょう。

長男は私にとって初めての子供ですから、賢い子に育てるためにできるだけのことをしたいと思い、小学校に上がると同時に毎日、オリジナルの宿題プリントを作ってやらせるようにしました。漢字の書き取り10問、算数の計算問題10問といった簡単なものです。

毎晩、帰宅してから採点をし、「がんばってるね」「きれいな字がかけたね」と、ひと言メッセージを書き込み、翌朝、新しいプリントと一緒に彼に渡しました。家庭内通信教育みたいなものです。一緒に過ごす時間がなかなか取れなくても、プリントを通してお互いの思いが伝わるような感じがしていました。

彼も3年生くらいまでは毎日、一生懸命に取り組んでいましたが、4年生になった頃からやっていない日が多くなったのです。

「どうしてやらないの？」

「だってクラブ活動があったから……」

「これは毎日の勉強なのだから、ちゃんとやりなさい！」

彼と私の間にそんなやりとりが増え、せっかくの通信教育が叱る原因になってしまいました。

親に言われないとやらない、親に言われて渋々やるというのでは、自主性は育ちません。親の顔色を見てやるかやらないかを決めるような人間になってしまいます。それでは自立ができません。

親がいなくなったらどうするのでしょう。彼には高校から寮生活をさせようと決めていたので、このまま彼の尻をたたき続けていたら、親元を離れたときに、「うるさい親父からやっと解放された！　これからは自由だ！」と、好き放題を始めるかもしれません。

私は、自分からやる気を出してもらうにはどうすればいいのかを考えるようになりました。

元大リーガーのイチロー選手やゴルファーのタイガー・ウッズ選手は、お父さんから「練習しなさい」「トレーニングしなさい」と、うるさく言われて育ったわけではありません。二人とも、お父さんが夢中になってバットを振ったりゴルフクラブを振ったりしている姿を見て、「おもしろそう。ぼくもやりたい！ やらせて！」と始めたといいます。これが参考になりました。

私は毎日のプリントを作るのはやめ、「勉強したの？」「早くプリントやりなさいよ」と言うのもやめました。その代わり、長男にときどき、わが社で開発中の教材のモニターになってもらうことにしました。

彼は最初こそ「しょうがないなぁ」「また？」などと言っていましたが、父親の力になれるのが嬉しかったのでしょうか。毎回まじめに取り組み、しばらくすると他の勉強も自分から進んでやるようになりました。

ちょっとした働きかけで子供は変化し、大きく成長するのです。

教材のモニターになってもらうというのは一般的な話ではありませんが、要は、子供に強制してやらせるのではなく、興味がもてるように、子供の心が動くように仕向ける工夫をするのです。

たとえば英語を勉強してほしいと思ったら、まずはお父さんとお母さんが子供向けのアニメなどを使った英語教材を見ながら、楽しそうに勉強するのです。親の楽しそうな姿を見れば、子供は必ず興味を示します。自分も仲間に入りたいと思うからです。

「パパ、ママ、何をしてるの?」と子供が聞いてきたらチャンスです。「英語の勉強をしているんだよ」と答えると、子供は「おもしろい?」と聞くでしょう。そうしたら「おもしろいよ」と答え、「でも、あなたは別にやらなくてもいいよ」と、つけ加えます。これは、子供にやるかやらないかを自由に選ばせるためです。強制しているのではない、ということをわからせる意味もあります。やる気を引き出したいときには、逆の言葉をかけたほうが効果的なことが多いのです。「やらなくてもいい」と言われると、子供はきっと「私も一緒にやる!」「ぼくもやりたい!」と言うでしょう。自発的にやる気持ちを育てるには、親の演出がカギになるわけです。

勉強だけでなく生活習慣も同じです。食後に歯を磨く習慣をつけさせたいと思ったら、まずはお父さんが食後にすぐに歯を磨くこと。そして歯を磨くたびに、「あぁ、口のなかがさっぱりして気持ち良くなった」「歯がピカピカになった」などと言ってみてください。きっと子供も一緒に磨くようになるでしょう。

一人で正しく生きていく力、やるべきことを自ら進んでやろうとする力、この二つの力はぜひ小さいうちから養ってください。

Point of child care

お父さんの子育てポイント

子育てのゴールは、子供を一人で生きていける人間に育てること。

認めて、ほめて、愛して育てる

一般的には、子供と日常的に過ごす時間が多いのはお母さんのほうでしょう。また子供も、とくに小さいうちはお母さんのほうになついています。私自身も、次男が生まれて数か月の頃、出張から帰って「お父さんですよ〜」と言って近づいていったら、知らんぷりされたことがありました。授乳したり抱っこしたり、いつも肌と肌を合わせている母親にはやはり敵《かな》いません。

では、お父さんは子育てのサポート役でいいのかといえば、そんなことはありません。それどころか、お父さんは子供の人格形成において欠かすことのできない存在なのです。

男の子にとってのお父さんは、生き方のモデルであり目標です。お父さんとの触れ合いを通して、お父さんの生きる姿勢、ものの考え方、仕事への取り組み方などを見て、人としての基本的な考え方や行動を学んでいきます。

女の子にとってのお父さんは、もっとも身近な異性です。父親を通して異性とはどういうものか、異性とどう接すればいいのかを学んでいきます。

そして、男の子も女の子もお父さんと一緒に過ごしながら、お父さんが喜んでいる姿を見て父親のやさしさを感じ、お父さんが家族を支えているのを見て強さや頼もしさを感じ、お父さんに叱られながら父親の威厳を感じて人を敬うという、大事な心を身につけていきます。

それだけ重要な存在であるお父さんには、ぜひ心がけてほしいことがあります。それは、子供を認めて、ほめて、愛して育てることです。これが子育ての基本、肝心要《かなめ》だからです。

0歳から3歳までの間は、できる限り抱っこしたり頬ずりしたり、おんぶしたり肩車したり……、つまりスキンシップをしてください。キスをしてあげるのもいいですね。子供は肌と肌を触れ合わせることで、お父さんの愛情や頼もしさを知るのです。

愛を言葉にして伝えることも忘れてはいけません。日本人の男性は愛情表現をするのが不得意のようですが、愛は思っているだけではなかなか相手に伝わらないものです。「生まれてきてくれてありがとう」「お父さんは○○が大好きだよ」「あなたが生まれてきてくれて、お父さんとお母さんはとても幸せだよ」と、はっきりと言葉にして子供に伝えてほしいのです。

0歳から3歳までの乳幼児期に親から愛された記憶は、その人の潜在意識にしっかりと刻まれて、一生の支えになります。子育てのゴールは「自立できる人間に育てること」ですが、親元から離れて一人で生きていくようになったとき、困難に直面したり壁にぶつかったりしてへこたれそうになっても、親から愛された記憶があれば、子供は自分の足で立ち上がって生きていくことができます。親からの愛は「生きる力」なのです。

また、乳幼児期に親の愛情をたっぷりもらった子供は、情緒が安定します。自分自身を大切にすることができ、周りの人を愛することができるようにもなります。

子供は誰でも「父親に認められたい」という欲求をもっています。とくに、4

歳から9歳くらいの間は、この欲求をお父さんがしっかりと満たしてあげることが大事です。

人間というのは、自分を認めてくれる相手に対して心を開き、その人の言うことに耳を傾けて受け入れようとします。人が人を受け入れるとき、自分もその人に受け入れられているのだという信頼感が欠かせません。お父さんが子供を認めるということは、お父さんと子供の間に信頼関係をつくることになります。

たとえば、庭の草取りや花の植え替え、洗車や掃除などを子供に手伝ってもらったら、「上手にできたね。ありがとう」「きれいになったね、助かったよ」と、頑張りを認める言葉をかけてあげてください。

魚釣りやプラモデル作りなどお父さんの趣味を子供と一緒に楽しみながら、「うまいじゃないか」「すごく上達したね」とほめてあげてください。

普段あまり接する時間が取れなくても、子供なりに一生懸命にやったことに気づいたら、「頑張ってるね」と、声をかけてあげてください。

お父さんに認められて育った子供は、明るく素直な心をもった人に成長します。

人の目というのは、往々にして相手の足りていないところにいきがちです。幼児教室で親御さんたちに子供の悪いところを尋ねると、「好き嫌いが多い」「引っ込み思案」「協調性がない」「のんびりしている」……と次々に出てくるのですが、良いところを尋ねると、途端に皆さんの口数が少なくなってしまいます。

子供が生まれたばかりの頃のことを思い出してみてください。「泣き顔はしわしわだけど、元気な声で泣いているね」「女の子なのにパパそっくり。でも目がぱっちりしていてかわいいね」などと、良いところを見つけて大喜びし、感動したのではありませんか？

しかし、子育てや仕事に追われて余裕をなくし、「こうなってほしい」という思いが募りすぎて、そうした喜びや感動を忘れてしまい、叱ることが多くなるのかもしれません。

始終、欠点ばかりを指摘され、「こんなこともできないのか」「お前は駄目だ」「頭が悪い」などと言われながら育った子供は、自分に自信がもてなくなり、能力面でも行き詰まります。自分を過小評価して自暴自棄に陥り、自分自身を大切にすることができません。かけがえのないわが子にそのような人生を歩ませてはいけません。

人には必ず長所と短所があります。だから成長するのです。短所や欠点ではなく、長所や才能に目を向けて積極的にほめてあげてください。

肯定は肯定を呼ぶ、というのがこの世の法則です。ほめながら育てると、子供は素直にまっすぐにやさしい人間に育ちます。「自分はできるんだ」と自信がつき、何をするにも意欲的に積極的に取り組むことができるようになります。その結果、能力がぐんぐんと伸びて、輝いていきます。大人の注目を浴びようとは考えないので、問題行動を起こすこともありません。

子供を認めて、ほめて、愛しながら育ててください。お父さんの愛を実感した子供は、豊かな人間関係を築くことができます。必ず幸せな人生を歩んでいくことができるのです。

Point of child care

お父さんの子育てポイント

お父さんに愛された子供は明るく素直に育つ。幸せな人生を歩むことができる。

「愛、厳しさ、信頼」を実践すれば子育てはうまくいく

これを実践すれば子育てを誤ることはない、という「子育ての三種の神器」をお父さんにお教えしましょう。

それは「愛」「厳しさ」「信頼」です。

子供に愛情を注ぐことの大切さは前項でも少し述べましたが、ただ愛するだけでは子供はまっすぐに育ちません。それは猫かわいがりです。本当の愛は厳しさを伴います。

しかし、ただ厳しくするだけでは、子供に恐怖を与える〝恐育〟になってしまいます。愛の欠如した厳しさは暴力になりかねません。

そして愛の裏に信頼がなければ、すべての言動は空虚なものになってしまいま

す。

愛と厳しさと信頼、この三つはそれぞれ独立して存在するのではなく、密接に結ばれています。愛と厳しさは車の両輪、信頼はエンジンのようなものです。どれが欠けても子供はきちんと育ってくれません。

愛についてはChapter04でさらに詳しく述べることにして、ここでは「厳しさ」と「信頼」についてお話ししましょう。

悪いことは悪いと叱る。駄目なことは駄目だときちんと教える。それが厳しさです。

厳しさのない愛は、真の愛ではありません。溺愛です。幼児期に溺愛されて育った子供は、我慢や忍耐を身につけることができません。どこでもいつでも好き勝手に振る舞い、何をしても平気な自己中心的な人間になります。それが高じると、非行に走ったりすることにもなるわけです。非行は、我慢する力に欠けていて、自らの欲望や感情を抑える意志が身についていないことが原因だからです。

意志の強さや我慢強さなど人間としての基本は、3歳頃までにほとんど身につくといわれています。ただし3歳を過ぎたらもう遅いというわけではありません。プラスアルファ数年と考え、できるだけ6歳までに、いけないことはいけないと厳しく教え、悪いことをしたら叱るようにしてください。

「そんな幼いうちから!?」と思う方もいるかもしれません。とくにかわいい盛りの年齢ですから、厳しくするのはつらいと感じる方もいるでしょう。

しかし、本当の厳しさは愛と両輪です。子供を愛し、一人の人間として尊重するからこそ、正しく生きて幸せになってほしいと願うのではありませんか。厳しさを別な言葉で言い換えるなら、子供への敬意といってもいいかもしれません。

1979年にノーベル平和賞を受賞したマザー・テレサは、「愛の反対は、憎しみではなく無関心です」という名言を残しました。子供が何をしても叱らずに黙っているとしたら、子供に対して無関心だということになりかねません。子供も敏感に、「お父さんは私のことなどどうでもいいんだ」と感じてしまいます。

しっかりと愛を伝えていれば、厳しく叱っても大丈夫です。子供は傷つきません。幼くても、「お父さんは私を愛しているから、悪いことは悪いときちんと教えてくれる」と理解することができます。子供は、そうやって自分に真剣に向き合ってくれるお父さんが好きなのです。

子供はよく失敗をしますし、しばしば間違ったこともします。しかし、どんなことがあっても、お父さんは信頼の目で子供を見ることを忘れないでください。そして常に、「お父さんとお母さんはあなたのことを信頼しているよ」と言葉にして伝えてほしいのです。子供は、その信頼に応えようと一生懸命に頑張ります。自分を律して、自分の行動に責任をもつようになるものです。

私の父から聞いた話を紹介しましょう。

ある学校の子供たちが集団万引き事件を起こし、警察に補導されました。初犯で、スリルを味わいたかっただけだという動機が考慮されておおごとにはなりませんでしたが、事件に関与した子供の親たちは「保護者で監視団をつくり、繁華街の見回りをして生徒たちを見張ってはどうか」と提案しました。

しかし、ある子供のお父さんは、私の父の講演を聞いて「愛、厳しさ、信頼」のことを知っており、普段からこの三種の神器で子育てを実践していました。そこで、そのお父さんはまずは子供に、「お父さんとお母さんは、お前のことをとても愛しているよ」と伝えてから、二人でじっくりと話し合いました。すると、子供は自分から「悪いことをしたと思っている。反省しなくてはいけないと思う。お店の人に謝りに行く」と言ったのです。お父さんは子供に付き添って一緒に店に行き、謝りました。そしてその帰り道、お父さんは子供に言いました。

「お父さんとお母さんは、お前が二度とこのようなことはしないと信頼しているよ」

この子供は見事に立ち直り、その後は二度と親を困らせることはなかったそうです。

お父さんが愛を伝えず、ただ厳しく叱り飛ばすだけだったら、子供の心が開くことはなかったでしょう。間違ったことをしたのに叱らず、猫かわいがりするだけだったら、子供は何度も同じことを繰り返したでしょう。

この子は、お父さんが自分を愛しているから厳しく叱ったこと、過ちを犯しても自分という存在を受け入れて信頼してくれたこと、そして、その信頼が揺るぎないことを感じたのです。

親の愛を感じている子供は、厳しく叱られても素直に受け入れることができます。さらに親からの信頼を感じていれば、多少道を逸れることがあっても、必ず正しい道に戻ってくることができます。

子供はいつも、お父さんに認めてほしい、ほめてほしい、愛されたい、自分を信じてほしいと願っています。お父さんは、ぜひその願いを叶えてあげてくださ い。願いが満たされていると、子供は親に心を開き、素直にまっすぐに育っていってくれます。

Point of child care

お父さんの子育てポイント

何があっても子供を信頼する。親の愛、厳しさ、信頼を感じていると、子供はまっすぐに育つ。

小学校低学年までの子育てに力を入れる

お父さん、お母さんが、ともに体操のオリンピック選手、というご家庭がありました。

一人目に生まれたお嬢さんはとても運動能力が高かったので、ご両親は「さすが私たちの子！」と、自分たちの素質が子供にそのまま受け継がれたと思ったそうです。しばらくして二人目のお嬢さんが生まれました。その頃、ご両親はともに仕事が忙しくなり、子育てはベビーシッターさんに任せることが多くなっていました。

次女が4歳になったある日。彼女が食卓の椅子の上に立っていたので、お父さんが「そこから飛び降りてごらん」と言ってみました。ところが彼女は「こわい」

と言ったまま、動こうとしませんでした。「私たちの子なのに……」と愕然としたご両親は、すぐに彼女を自分たちが指導する体操教室に入れてトレーニングを開始しましたが、運動能力は人並み以上には伸びなかったそうです。

私の父は、ある本でこのエピソードを読んで、興味をそそられて、実証してみようと思い立ちました。ちょうどその頃、私は5歳半、妹は2歳半、弟は1歳。3メートルほど離れたところに父が立ち、「ここまで走っておいで」と言って、私たちを走らせるという実験です。

1週間経ったら距離を50センチ伸ばし、また1週間経ったらさらに50センチ伸ばして……という調子で続け、最終的に30メートルを走らせたそうです。

結果はどうだったかというと、妹と弟はとても足が速くなりました。とくに妹は小学校4年生から毎年、学校のリレー選手に選ばれ、地域の陸上大会に出場していました。しかも県の小学生陸上女子の記録保持者になり、しばらくその記録は破られませんでした。

一方の私は、長距離走はまあまあ得意になりましたが、短距離は苦手で、中学に上がっても100メートル16秒台。たいていは最下位争いに加わっていました。

うちの両親は、運動能力が特別に高かったわけではありません。父は「かけっこは遅いほうだった」と言っていたほどです。ですから、妹弟の足の速さは親から受け継いだ素質ではなく、走る訓練によって身についた能力でしょう。それも、早い年齢から始めたことで養われたものです。一緒に練習を始めたにもかかわらず、3歳上の私の足は速くならなかったことがそれを物語っています。

前述のオリンピック選手のご両親もきっと、一人目のお嬢さんのときには「走ってごらん」「ぴょんと飛んでごらん」「よくできたね、すごいすごい」と、まだちゃんと歩けないうちから熱心に育てたのではないでしょうか。

しかし、二人目のお嬢さんのときは、そうはできなかったのでしょう。もちろん、それは愛情がなかったのではなく、仕事が忙しくてベビーシッターさんに頼るところが多かった、という環境の違いだろうと思います。

人間の脳は、千数百億個もの神経細胞から構成されています。神経細胞同士はシナプスと呼ばれる〝つなぎ目〟でつながり、電子回路のようなネットワークをつくって、互いに電気信号を発して情報の交換をしています。私たちの脳の働き——たとえば考えたり計算したり、記憶したり創造したり、走ったり自転車に乗ったりできるのは、すべて神経細胞同士が情報のやりとりをしているからです。

人は皆、同じ数の神経細胞をもって生まれてきます。しかし、神経細胞同士をつなぐシナプスの数や強度は、どのような環境で育ったか、どのような経験をしたかで大きく変化します。

新しい経験をしたり刺激を受けたりすると、脳は活性化し、シナプスの数が増加します。シナプスの数に関する研究によると、生後6か月から12か月にかけて急激に増えることがわかっています。ちょうどこの時期は、「あー」「うー」などと言い始め、首がすわり、お母さんと他の人の区別がつき始め、手に触れたものをつかみ、お座りをし、ハイハイをし、立ち上がり……と、基本的な知覚や理解、運動機能がめざましく発達するときです。

1歳を過ぎるとシナプスの数は減少していくのですが、これは「シナプス刈り込み」といって、不要なシナプスを取り除き、必要なシナプスは強めて残し、脳のネットワークを無駄のない機能的なものにするための基本的な過程です。

さまざまな体験をしたり刺激を受けたりしてシナプスの数が増えると、神経細胞同士の接点が増えてたくさんの情報をやりとりすることができ、情報伝達がスムーズになります。これが認知・学習・記憶・運動などの能力と関係しているわけです。

脳の発達についてはいろいろな方法で調べられており、年齢的にいくつかの節目があるといわれています。3歳前後、6歳前後、10歳前後です。成人の脳を基準に考えると、3歳前後には約60%、6歳前後には約80%、そして10歳前後には95%以上のシナプスが形成されると見られています。

言い換えれば、この三つの節目を意識した子育てや教育が重要になるということです。とりわけ3歳までにどのように育てられたかは、その人の性格や資質や才能に影響します。3歳までに走る訓練を始めた妹弟と、5歳半から始めた私とでは、走る能力に差が現れたことからもわかるでしょう。

ただし、3歳を過ぎたら遅い、10歳を過ぎたら駄目ということでは決してありません。

私は七田家の次男で、3歳違いの兄がいました。父は兄が1歳になると、ひらがな・カタカナ、山や川や口などの漢字（象形文字）を覚えさせました。兄はスポンジが水を吸収するかのように、どんどん覚えていったそうです。

ところがその兄は4歳半で病気にかかり、亡くなってしまいました。当時は早期教育や幼児教育への理解が浅く、「子供が亡くなったのは妙な早期教育をしたせいに違いない」と心無いことを言う人たちがいました。母はとても傷つき、当時1歳だった私には言葉や文字を教えるのはやめてほしい、と父に訴えたのです。

そのようなわけで、私がひらがなを教わるようになったのは3歳からです。兄と比べて、私は覚えるのに時間がかかりました。兄はすぐに覚えられたのに、私は1週間かかったのです。しかし1週間が過ぎると、兄と同じようにパッと覚えられるようになり、1か月ほどですべてのひらがなをマスターすることができたのだそうです。

早いうちから教育したほうがいいのは、そのほうが親子ともに楽で、ストレスが少なくてすむからです。子供は短い時間で身につけることができますし、親のほうもそのぶん教える時間が短くてすみます。

ちなみに、満州生まれの父は終戦後に中国から日本に引き揚げてきて、松江の高校に編入しました。戦時中は働いて家計を助けていたため、勉学どころではなく、編入したときは英語の成績がクラスで最下位でした。しかし夏休みに猛勉強し、秋の試験ではトップになったのです。その後は幼児教育に携わるまで、英語の通訳をしたり英語塾を開いて教えたり、英語を生活の糧《かて》にしていました。

何歳になっても能力は伸びていきます。親だって諦めることはありません。

Point of child care

お父さんの子育てポイント

人間の脳は10歳までに劇的に成長する。その時期の子育てを大切に。

ただ知識を詰め込むのではなく、生まれもった能力を引き出す

「才能逓減《ていげん》の法則」というものがあります。私の父は20代のときに『英才教育の理論と実際』という本を読み多大な影響を受けましたが、その本のなかで「才能逓減の法則」について次のような説明がなされています。

「教育で大切なのは0歳から6歳である。その間にどのような環境で育ったかが、その子供の性格や資質、才能を決定づける。教育に関するアクションは、0歳に近いほど大きく伸びる可能性があり、遠ざかるほど可能性は次第に減じて（逓減して）いく」

この本は、いまから200年ほど前に書かれたものですが、現在の脳の発達や成長の研究成果と同様のことを述べていることに驚かされます。

『英才教育の理論と実際』を著したのは、ドイツの田舎町の牧師、ヴィッテです。ヴィッテにはカールという息子がいました。カールが生まれたとき、周囲の人々は「この子の知能は人より劣っている」と思ったといいます。しかし父ヴィッテは「どんな子供も教育次第で非凡になる」と信じて、カールを育てました。

その結果、カールは幼児期にすでに3万語の語彙を習得し、母国語のドイツ語以外に、フランス語、イタリア語、ラテン語、英語、ギリシャ語を自由に操れるまでになっていました。また、動物学、植物学、物理学、化学に秀で、とくに数学の能力は飛び抜けていました。そして9歳でライプツィヒ大学に入学。13歳のときに論文を仕上げて哲学博士の学位をもらい、18歳で法学の博士号を授与され、ベルリン大学の法学教授に任命されて、ドイツの各大学で法学の講義を行ったとされています。このカールを、父親のヴィッテがどのように育てたのかを記したのが『英才教育の理論と実際』です。

私の父はこの本に影響を受けて、幼児教育の専門家になることを志しました。

しかし父は、カールを天才に育て上げた教育法に興味をもったのではありません。ヴィッテの子育てそのものに対する姿勢に心を動かされたのです。ヴィッテは著書のなかで次のように書いています。

「私は天才をつくるつもりで、このような教育をわが子に施したのではない。円満な人格の人間を育てようとした結果、このようになったのだ」

父はのちに「七田式教育」を創始し、それがいまも続いているわけですが、現在の七田式教育や私がこの本を通してお父さんたちに伝えたいことも同じです。

人としていかに生きるか。人としてどう生きることが幸せなのか。それを伝えたいのです。具体的には、人を思いやる心、人を敬う心、自分の命も他者の命も大切にする心、自然や美しいものに感動する感性など、心を育む子育てをしてほしいということになるでしょう。子供はもともと天使です。明るく清らかで素直な心をもっています。それを引き出すのが子育てです。

早期教育や幼児教育というと、「知識の詰め込み」というイメージでとらえる向きもあるかもしれません。

しかし、私が考え目指しているのは、そのようなものではありません。

人は誰でも無限の才能と可能性をもって生まれてきます。ただし大方の人は、そのほとんどを使わずに、眠らせたままにしているといわれています。

幼児期は脳が劇的に発達する時期です。その時期に適切な働きかけをし、生まれつき備えている才能や可能性を引き出そうというのが私の目指す幼児教育です。

私は自分の子供たちが幼い頃から、数の概念やひらがな・カタカナを教えたり、繰り上がり足し算のカードを作って暗記させたり、百人一首を覚えさせたり、小林一茶の俳句を暗唱させたりしてきました。

その目的は、知識を記憶させることではなく、いろいろなものを覚えることで、脳内の記憶の回路を活性化することです。スウェーデンのヨーテボリ大学で行われた研究でも、2～3歳の時期に記憶の訓練を行うと脳の記憶回路が形成され、その後の学習に大いに役立つといった結果が出ています。

学校に上がって勉強が始まれば、覚えなければいけないことがたくさん出てきます。記憶する力がついていれば、学校の授業に無理なくついていくことができます。基礎学力があれば、受験で苦労することはないでしょう。社会人になってからも、記憶力の良さがビジネスの武器になる場合も少なくありません。

私の父は、高校生のときに1か月半で英単語3000語を暗記したという人ですから、何歳になっても能力は伸ばすことができるといえますが、それには人並み以上の努力が必要です。

子供の幸せは、安定した職に就くとか大企業に入るといったことではなく、自分の力でいろいろなことを学んでいく力を身につけること、夢をもち、その夢を実現して、人生を謳歌することではないでしょうか。

お父さんたちにしていただきたいのは、子供がそういう人生を歩めるように応援することです。それがお父さんができる最上の子育てなのです。

Point of child care

お父さんの子育てポイント

知識を教えるのではない。
学ぶ力を身につけ
人生を謳歌できる子供に育てる。

子育ては赤ちゃんがお腹にいるときから

お母さんは妊娠がわかったときから子供への愛情が芽生え、母親としての自覚をもつようになります。一方、お父さんは子供が生まれても、すぐには親になった実感がもてなかったりします。

そこで、お父さんたちにぜひおすすめしたいのが、妊娠がわかったら、その時点で赤ちゃんに名前をつけることです。名前をつけることで赤ちゃんは唯一無二の特別な存在になり、愛する対象になります。

男の子か女の子かはわからなくても構いません。胎児のときの名前と、生まれてからの名前が違っても一向に構いません。好きな名前、呼びやすい名前、親しみのある名前をつければいいのです。

わが家では、長女が宿ったとわかったときに「もえちゃん」という名前をつけました。朝起きれば「もえちゃん、おはよう。昨日はよく眠れましたか」と挨拶をし、出社する前には「パパはこれから仕事に行くから、ママと一緒にいい子にしていてね」。帰宅したら「もえちゃん、ただいま」。そしてことあるごとに、「もえちゃん、パパとママはあなたのことが大好きですよ」「もえちゃん、あなたに会えるのを楽しみにしているね」と声をかけました。

ちなみに、彼女が誕生してからつけたのは別の名前です。

「モーツァルト効果」というのをご存じでしょうか。

アメリカの大学で、学生たちにモーツァルトの曲を聴かせたあとに空間認知テストを行ったところ、何も聴かないグループやリラクゼーション音楽を聴いたグループと比べて、平均成績が8~9点高いという実験結果が得られたといいます。1993年にこの実験結果がアメリカの権威ある科学雑誌『ネイチャー』に発表されてから、モーツァルトの曲を胎教として聴いたり、また、子供に聴かせたりするといったことが大流行しました。これが「モーツァルト効果」です。

図表2-1 胎教を意識しましたか(していますか)?

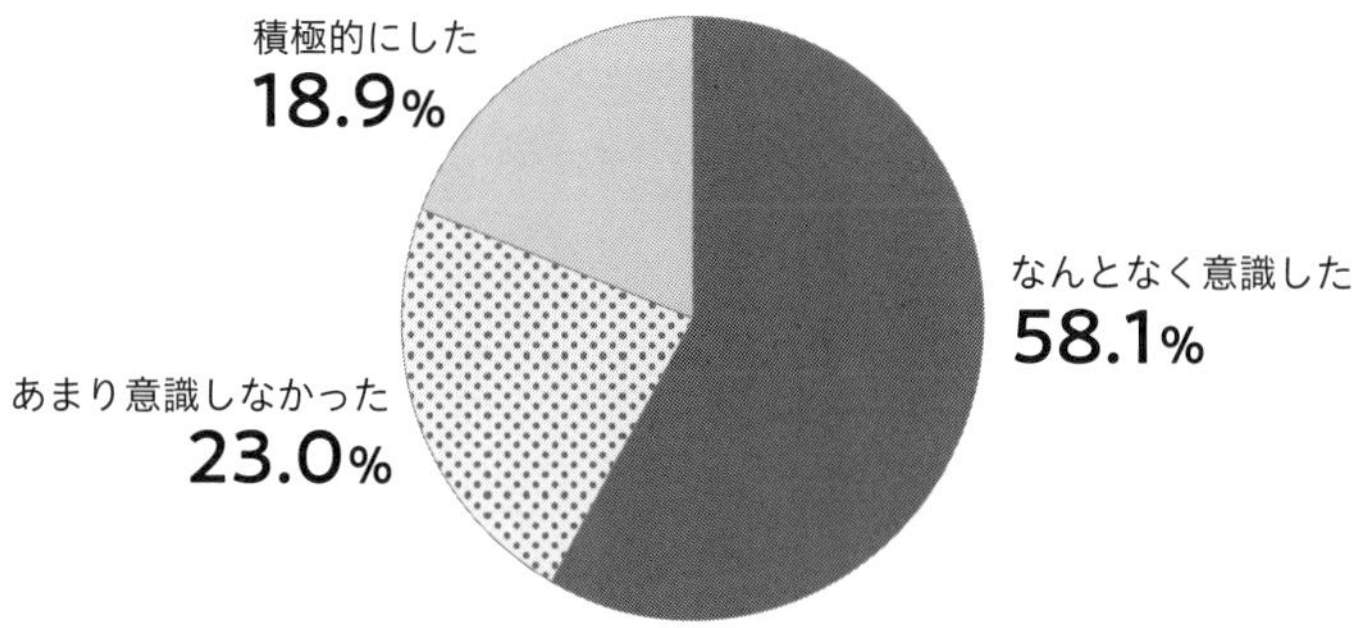

出典/ミキハウス子育て総研 Happy-Note編集部

ところがのちに、いくつかの大学の研究チームがこの研究結果の検証を行ったものの、同様の結果を得ることはできませんでした。そして2010年、オーストリアのウィーン大学が「単にモーツァルトの曲を聴くだけでは特定の認知機能が強化されるという証明はできない」という論文を発表したことで、モーツァルト効果に関する論争には終止符が打たれたのです。

そうはいっても、これから生まれてくるわが子に何かをしたいと思うのが親心です。ミキハウス子育て総研が2016年に調査したところ、「胎教を積極的にした」「なんとなく意識した」という人は77%に達しました。どんなことをしたかという質問に対

図表2-2　お腹の赤ちゃんに、どんなことをしましたか（していますか）？

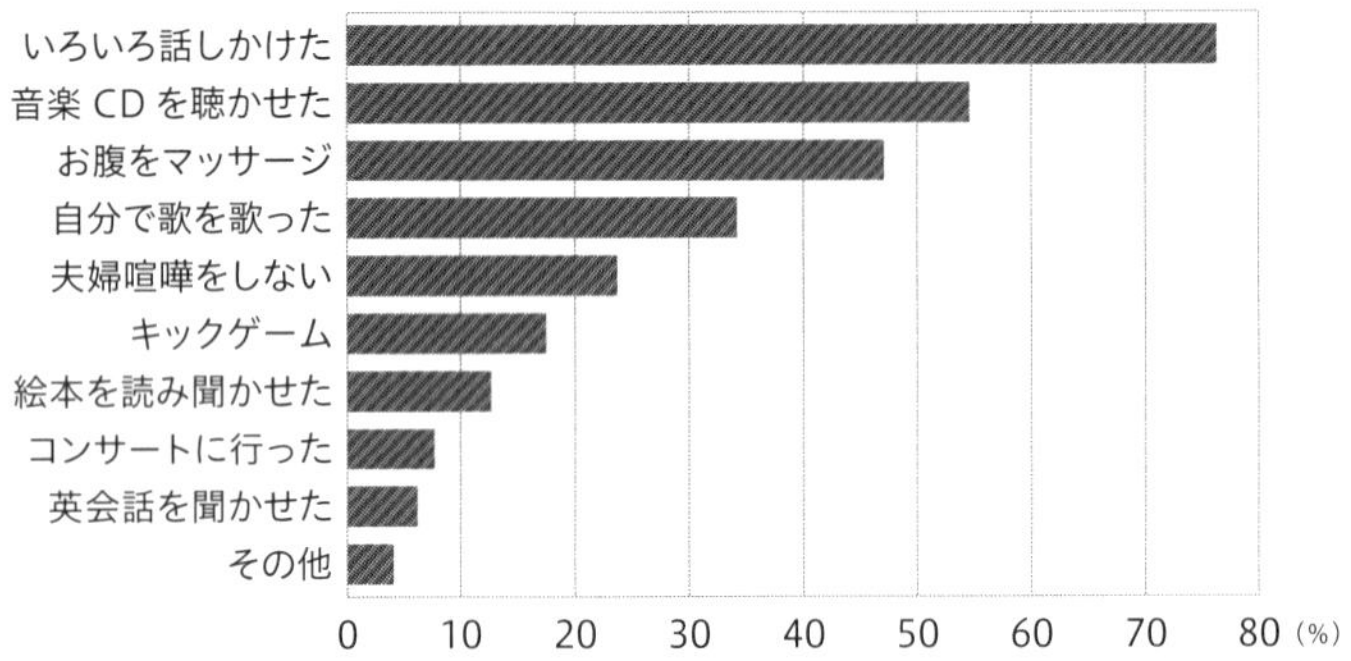

出典／ミキハウス子育て総研 Happy-Note編集部

しては、「いろいろ話しかけた」と答えた人がもっとも多く、「音楽を聴かせた」「お腹のマッサージをした」が続いています。

　脳科学的にいえば、胎児は学習に必要な大脳新皮質が未発達なため、胎教が与える効果は定かではありません。しかし、「人間の知力は頭脳にあるのではなく、細胞がもつ遺伝子の働きによるものだ」といった説があります。1個の受精卵から始まって、1個の細胞が2個、2個が4個、4個が8個……と細胞分裂を繰り返してヒトが出来上がっていくわけですが、その細胞の一つひとつが知性をもっているのだとすれば、妊娠がわかった直後から胎教を始めることには大きな意義があると感じます。

赤ん坊の頃の私は夜泣きがひどく、両親をかなり手こずらせたそうです。夜中に私が泣くと、泣きやむまで父と母が交代で私を抱いてくれました。泣きやまないときには、父が私を抱いて外に出て、懸命にあやしながら泣きやむのを待ったそうです。父はそうしたエピソードとともに、著書に次のように書いています。

「ずっと後に、しっかり胎教をして育てると、赤ん坊は夜泣きなどするものではないことを学んだ。夜泣きするのは心がさびしいからである。私はまだ子育ての初心者であったので、胎教の大切さを学んでいなかった」

夜泣きだけではありません。妊娠直後から愛情いっぱいの胎教を授かって生まれた子供は、性格や知性の面でも次のような良い影響が見られるのです。

- 心が愛情に満たされて生まれてくるので、いつも穏やかでニコニコしている
- 人見知りをせず社交的になる
- 親から少し離れていても泣いたりせず、安心して親を待つことができる
- ものごとの吸収が早く、理解力や学習能力が高い
- 言葉の理解が早く、発語が早い

・右脳がよく発達し、脳力開発がスムーズにできる

子育ては、子供が生まれてから始まるのではありません。お母さんのお腹に命が宿ったときから始まるのです。お父さんもぜひ、その子育てのスタート時から参加してください。

あるお母さんが妊娠6か月頃、お腹の赤ちゃんに「パパが帰ってきたら、お腹を蹴って教えてね」と話しかけたところ、6時過ぎにポコッと蹴ったのだそうです。ご主人の普段の帰宅時間より早かったので、「あら、少し早いんじゃない?」と言うと、またポコッ。その2分後にご主人が帰ってきたそうです。一度きりのことなら偶然でしょうが、似たようなことがしばしばあったといいます。

この話を科学的に検証しようとしても、無理かもしれません。しかし、それはどうでもいいことではないでしょうか。このエピソードからは親密な家族のつながりが感じられ、この赤ちゃんがお父さんやお母さんから愛情をいっぱいもらっていることが想像されます。それが大切なのです。

お腹にいる赤ちゃんには、知識を教えようとしたり、また、話しかけたりするにしても「天才になってね」などと、親のエゴめいたことを言うのはやめましょう。胎教は、親と子が心を通わせるためのコミュニケーションです。親が愛情をもって声をかけることが重要で、胎教によって親と子の絆が育まれていきます。そういう愛情やつながりが、子供の健やかな成長の源になるのです。

Point of child care

お父さんの子育てポイント

子育てのスタートは妊娠直後から。お腹の赤ちゃんに愛を伝え愛情いっぱいに語りかけよう。

夫婦で子育てに取り組み、〝家族〟になっていく

どこのご家庭でも、夫婦で子育ての方針が食い違うことがあるのではないでしょうか。ときには険悪なムードになり、夫婦喧嘩に発展し……なんていうことも起きるかもしれません。

わが家も例外ではありません。私たち夫婦は子供の前で言い争いはしないようにしようと決めていたので喧嘩はしませんでしたが、子育ての方針が違うことはしばしばありました。

たとえば、あるとき長男が「携帯用のゲーム機がほしい」と言い出しました。ちょうど最新のゲーム機が出たばかりで、いち早く手に入れた友だちに使わせてもらい、おもしろかったのだそうです。

妻は、与える必要はないという考えでした。ゲームをするよりも、友だちと遊んだり本を読んだりするほうがいいというのが理由です。一方、私は、ゲームは一日1時間だけにするなど何らかのルールを決めて買い与え、そのルールを守らせるようにすればいいと考えました。男の子ですから、本当にやりたければ親に隠れてでもするでしょう。抑えつけられて我慢していると、家以外のところで反動が出ることもあり得ます。親の目の届かないところで好き勝手されるよりは、ルールを守ることの大切さを学ばせるほうがいいと思ったのです。

妻とは何度か話し合ったものの平行線でした。結局、「9時以降はゲームで遊ばない」というルールをつくって、それを守ることを条件に買い与えました。

ゲーム機を買い与えるか、スマホや携帯電話を持たせるか、持たせるとしたら何歳から持たせるかなどは、どこのご家庭でもいまはきっと課題になっているでしょう。夫婦の考えが平行線のままというケースも多いでしょうが、課題や問題が出てくるたびに話し合いながら、少しずつ「夫婦のルール」「家庭のルール」「子育てのルール」をつくっていくことが大切だと思います。

ご参考のために、わが家のルールのいくつかを紹介しましょう。

まず夫婦の重要なルールとして、子供の前では言い争いはしないことにしています。険悪なムードになりそうだったら、「この件はあとにしよう」と言って、子供たちが寝たあとに話し合うようにしています。

夫婦喧嘩は、誰よりも子供が一番苦しみます。私の両親はとても仲の良い夫婦でしたが、一度だけ強烈な夫婦喧嘩を見たことがあります。ショックで悲しくて、胸が張り裂けそうでした。たった一回きりなのに、いまでも忘れられません。

それから、一方が子供を叱っていたら、もう一方はなだめ役に回るようにしています。両親が二人揃って叱ったら、子供の逃げ道がなくなるからです。家庭のなかに逃げ場がないと、思春期など難しい年齢になったとき、子供が家で話をしなくなってしまいます。そうすると、子供の考えや本音がわからなくなり、対応の間違いにつながる可能性があります。子供にとって親のどちらか一方は話しやすく、本音が言いやすいという状況をつくっておく必要があります。

それは親でなくても、おじいちゃんやおばあちゃん、親戚でもいいと思います。

わが家は共働きで、しかも夫婦ともに出張が多いので、長女は生後8か月頃から近所のおばちゃんによく預かってもらっていました。長女は口数が少なくて、とくに思春期には家でほとんど話をしなかったのですが、その近所のおばちゃんには思っていることを話していました。一人でもそうやって本音を話せる相手が必要でしょう。

それから、食育や子供の健康に関することは妻の担当。勉強と読み聞かせ、学校に持って行くものの準備などは私の担当、しつけは二人で協力して行う、といった役割分担もあります。これはとくに話し合って決めたわけではなく、子育てをしていく過程で自然とできていったものです。

家事については、料理は妻の担当、洗濯とゴミ出しは私の担当、掃除はみんなでやります。ちなみに毎年12月30日は、一家揃って大掃除をするのがわが家のしきたりです。いまは子供たちも海外の学校に行っているので、普段は家族全員が集まる機会がありません。ですから、30日は大掃除、31日は家族揃って除夜の鐘を撞きに行き、元日は皆でおせち料理を食べながら、近況などを報告し合います。この3日間だけは家族の予定が優先なのです。親としては子供の成長ぶりを感じられ、何とも感慨深い時間です。

子育てというのは本来、夫婦でともに取り組んでいくものです。ぶつかることがあってもそれを一つひとつ乗り越えながら、子育てという目標に向かって力を合わせて、支え合いながら前向きに歩んでいく。そうやって、一つの家族になっていくのです。そこに子育ての意義とすばらしさがあると思います。

Point of child care

お父さんの子育てポイント

課題は夫婦でよく話し合い、一つずつ解決しながら家族のルールをつくっていく。

chapter 02

子供を「認めて」育てる

子供のありのままを認めれば自信に満ち、意欲的な子に育つ

親は誰でも、子供のことを大切に思っています。子供を初めて自分の手で抱っこしたとき、生まれてきてくれたことに感動し、何としてもこの子を守り愛して、大切に育てていこうと思ったでしょう。

それなのに、いいえ、だからこそというべきかもしれませんが、次第に子供の成長が気になって、体重や身長が平均より足りないのではないか……、○○ちゃんはもう「パパ」と言ったのにうちの子は……、△△くんは歩き始めたのにうちの子は……などと、さまざまな心配が始まります。それが高じると子供のマイナス面ばかりに目がいき、子育てがストレスになるのです。

子供は、認められ愛されていることをエネルギーに成長します。ですから、子

供をいまのまま認めて受け入れ、どんなときも「あなたがそこにいるだけでパパとママは幸せだよ」と、言い続けながら子育てをすることが重要です。

子供をありのままに認めて受け入れるためには、二つのポイントを頭に留めておいてください。

一つ目は、わが子の能力を信じることです。

子供は誰でも天才です。天才とはどういう意味かといえば、生まれながらにしてすばらしい可能性と能力をもっているということです。成長に応じて個性が現れ、子供は自分自身でその個性を伸ばしていこうとします。ところが、子供の成長と個性を無視して、親が勝手な願望を押しつけた子育てをすると、子供が本来もっている可能性や能力が封じ込まれてしまうのです。

仮にいま、何かができないとしても心配する必要はありません。これからぐんぐん伸びていくのかもしれないし、別な面ですばらしい才能を発揮するのかもしれません。子供の無限の能力に全幅の信頼をおいて、明るくすくすくと育つように愛情いっぱいに育ててください。親が意識をそう切り替えれば、その瞬間から子供は変わり始めます。

二つ目は、基準を子供以外のところにおかないことです。

体の成長も知能面の成長も、一人ひとり違います。成長が早い子供もいれば、ゆっくりと成長していく子供もいます。「○○ちゃんはもう言葉が話せるのに」とか、「△△ちゃんはもうこのプリントが終わったのに」などと、基準を他の子供の成長においてわが子を見ると、どうしてもマイナスの部分に目が向いてしまいます。また、「4歳なのだからもう字が読めて当たり前」「小学校受験をするには、これができていないと駄目」などと、一般的な平均値を基準にしてわが子を見るのも良くありません。

いずれも、わが子の成長を案ずる親心ですが、子供は親の不安やストレスに敏感ですから、「お父さんとお母さんは私（ぼく）のことを駄目な子だと思っている」と感じ取ります。そうすると自己肯定感が失われ、自分に自信がもてなくなってしまいます。

基準はあくまでもわが子自身におきましょう。1週間前にできなかったことが、今日できるようになった。3日前と比べてこんなに伸びた――そういう見方をし、成長を素直に喜んで、その感動を子供に伝えてください。

毎日子供と向き合っていると、近すぎて見えなくなっている部分がたくさんあるかもしれません。子供を俯瞰《ふかん》するためには、昔の写真や動画、子供が描いた絵などを眺めてみるといいでしょう。「この頃よりすごく成長したね！」と、子供の新たな面に気づくはずです。

子供は親――とりわけお父さんに認められることを本能的に望んでいます。お父さんが子供の存在をそのまま認めてあげると、子供は自信がつき、意欲的にいろいろなことに取り組んでいけるようになります。

Point of child care

お父さんの子育てポイント

子供がもっている力を信じる。
他の子供と比較しない。
そうすれば子供はすくすく伸びる。

笑顔と生きた言葉で子供の脳はイキイキとする

「早く靴を履きなさい」「ちゃんと食べなさい」「どうして片づけないの」――親がついつい言ってしまいがちな小言です。

しかし、もしも皆さんが上司や先輩から、「どうしてこんなことができないんだ」「もっとちゃんと書類をまとめなさい」「早く資料を作りなさい」と、始終言われたらどう感じますか。

脳のなかには扁桃体《へんとうたい》という部位があります。ここは感情・情動を司《つかさど》っていて、不安や恐怖を感じると活発に働き、危機に対処するように神経細胞に指令を出しています。とくに慢性的にストレスにさらされ続けると、扁桃体は肥大し、わずかなストレスでも過剰に反応するようになります。

扁桃体が活発になると、一方で働きが鈍ってくる部位があります。それが、思考や創造性、プランニングや推論などを司る前頭前野です。大きなショックを受けたときなどに、頭が働かなくなるような感じがするでしょう。あれは扁桃体が活性化し、前頭前野の動きが低下するからです。

小言を言われて嬉しい人はいないはずです。小言を言われ続けていると扁桃体が働きっぱなしになり、考えたり創造したり計画を立てたりする脳である前頭前野の反応は、鈍くなってしまうわけです。

では、扁桃体の働きを鎮《しず》め、前頭前野を活発に働かせるにはどうすればいいのでしょうか。

三つの方法があります。まず、扁桃体は心地よさを感じたり安心したりすると鎮静化するので、認めたり、ほめてあげたりする「生きた言葉」をかけることが効果的です。

また、扁桃体は顔反応細胞という細胞をもち、人の顔の表情に影響を受けるという性質があり、笑顔、やさしい表情、穏やかな表情など、好ましい表情を見ると鎮静化します。それから声にも影響を受けます。ですから、穏やかなトーンでやさしく話しかけると扁桃体も落ち着いてきます。

『大無量寿経《だいむりょうじゅきょう》』という経典のなかに、「和顔愛語《わげんあいご》」という言葉があります。柔和な顔（和顔）と愛情のこもった言葉（愛語）という意味です。菩薩《ぼさつ》が衆生《しゅじょう》を導くときの導き方をいうのですが、親も子供に接するときは和顔愛語を心がけたいものです。

とくに子供が眠る直前に、心からの笑顔で子供をやさしく見つめて、生きた言葉をかけてあげてください。

「よく生まれてきてくれたね、ありがとう」

「お父さんはあなたのことが大好きだよ」

「今日は良いお返事ができていたね、えらかったね」

このような言葉で、子供はお父さんから愛されていることを感じ、安心して眠りにつくことができます。

残業で子供が寝る時間に間に合わないというのであれば、朝起きたときでも構いません。お父さんからいっぱいの愛情をもらった子供は、その日一日、気持ち良く過ごすことができるでしょう。
朝から晩まで一緒に過ごしていても、小言ばかり言って笑顔で子供と接する時間がないのであれば、良い子育てとはいえません。一日3分。それが無理なら、眠る直前の10秒でも結構です。やさしい眼差しで子供を見つめ、「生まれてきてくれてありがとう」という感謝の心で接してください。それが、お父さんにぜひしていただきたい質の高い子育てなのです。

Point of child care

お父さんの子育てポイント

子供が眠る直前、10秒でいいからやさしい笑顔で「大好きだよ」と言おう。それが子育ての質を高める方法。

プラスのレッテルを貼って子供の力を引き出す

「ラベリング」という心理学用語があります。もとは1960年代にアメリカの社会学者、H・S・ベッカーが提唱した、社会的な逸脱行動を起こした人々に関する理論で、おもに犯罪心理学などで用いられていましたが、現在では広く用いられるようになっています。

ラベリングとは、勝手な思い込みで判断した基準を人やものごとに貼りつけることです。一般には「レッテルを貼る」と表現することが多いかもしれません。

私たちは自分に対しても他人に対しても、ありのままに認めることを忘れて、勝手なレッテルを貼りがちです。わが家の長女は幼い頃、口数があまり多くなかったので、私は彼女を「おとなしい子」だと思い込んでいました。ところが小学生になったある日、友だちとぺちゃくちゃと話している様子を目撃して、「こんなにおしゃべりだったのか！」と、びっくりしたことがありました。

娘のことは何でも知っていると思っていたので、このときはいささかショックだったのですが、子供はいつだって成長途上です。昨日までできなかったことが今日できるようになり、今日できなかったことも、明日にはできるようになる。そういった変化の連続が成長です。また子供は、親が気づかないたくさんの能力を宝箱のなかに隠し持っています。それを信じ、成長とともにその能力が現れてくるのを見つめることは、親としての大きな喜びでもあります。

子供にマイナスのラベリングをすると、成長を阻害しかねません。たとえば、なかなか挨拶ができない子供に、「この子は人見知りで挨拶が苦手」というレッテルを貼ってしまったとします。その子が「今日は挨拶をしよう」と決心していても、親が先回りをして「ほら挨拶は？ この子は人見知りで挨拶もできないんですよ」などと言うと、子供のせっかくの決心がしぼんでしまいます。

そればかりでなく、「私（ぼく）は挨拶が苦手」と、子供が自分自身でマイナスのラベリングをすることにもつながります。親の些細なひと言が子供から自信を奪うことがあるので、注意が必要です。

ただしこのラベリングは、プラスの効果を与える方法として使うこともできます。それについては、ノースウェスタン大学の心理学者、リチャード・ミラーの実験が有名です。

ある小学校5年生の二つのクラスを選び、一方のクラスでは「みんなはとてもきれい好きだね」「このクラスは整理整頓が行き届いているね」と繰り返しほめ、もう一方のクラスでは、整理整頓とごみを片づけることの大切さについて繰り返し話をしました。その結果、片づけることの大切さを説いただけのクラスは何も変わらなかったのに対して、「きれい好き」というラベリングをしたクラスは、約8割の生徒がごみを自分から拾ってごみ箱に捨てるようになったのです。

口やかましく小言を言い続けると、親子の信頼関係は壊れていきます。一度二度なら反省につながりますが、くどくど言われると子供は「お父さんはぼくを駄目な子だと思っている」「お父さんは私が嫌いなんだ」と思ってしまうからです。

しかし、認めてほめてあげると、子供は自信がつきます。そして力を引き出せるようになるのです。

子供に自信をもたせる魔法の言葉があります。「本当はできるんだよね」という言葉です。片づけができなくても、「どうしてできないの!?」などと言わないで、「パパは知ってるよ、本当はできるんだよね。ちょっとやって見せて」と言ってみてください。案外うまくできるものです。たとえ下手くそでも、できたところを認めて、しっかり抱きしめてほめてあげましょう。

子供は親のプラスの思いと言葉で変わります。子供を無理やり変えるのではなく、まず親の見方、接する態度を変えることが必要です。

Point of child care

お父さんの子育てポイント

子供は無限の能力をもっている。親がプラス思考でいれば子供は力を発揮し始める。

覚悟をもって子供を信頼する

人材育成を図るために、「コーチング」を導入している企業も増えているのではないでしょうか。コーチングは、プロスポーツの分野で体系的に理論化する試みがなされたのち、1990年代に入ってビジネスの世界で普及し、近年は学校組織や教育の場にも活用が広がっています。

そのコーチングにおいて重要なスキルの一つととらえられているのが「承認」、すなわち、認めるということです。コーチングの「承認」に相当する英語「acknowledgement」には、「そこにいることに気づく」というニュアンスがあります。その人の存在にスポットライトを当てるという感じです。本や論文に記す謝辞も英語ではacknowledgementですから、認めるという行為は「その人に光を当てて、その存在に感謝する」ことといってもいいかもしれません。

以前、七田式の幼児教室に通っていた小学生の女の子が、次のような手紙をくれました。

「母はいつも私の意見をきちんと聞いてくれます。いつも私と対等に話してくれて、私を一人の人間として見てくれます。

母の口から『駄目でしょ！』という言葉が真っ先に出ることはありません。成績のことで母に怒られたこともありません。クラスには、成績表やテストを破いて捨てる子もいます。その子はきっと、成績が悪いと怒られるのだと思います。でも私の母は成績で私を判断しません。だから、私は成績表を隠すこともしないし、進んで見せます。

子供って怒られるのが怖いから、失敗を隠したりするのだと思います。私の母は怒らないから、私は隠しません。母は私のことを信じてくれています」

なんてすばらしい親子なのでしょう。このお母さんは子供を〝所有物〟として支配するのではなく、対等な一人の人間として認めているのです。聞き分けが良いからとか成績が良いからとか、何かの条件つきではなく、子供のあるがままを見て、存在を認め、そのことをしっかりと子供に伝えています。だからこそ子供は、「母はしっかりと私を見てくれている」という実感と信頼感をもつことができるのです。

子供は親に対して絶対的な信頼を寄せています。親はそれに対して、同じく絶対的な信頼で応えなければいけません。

信頼の土台になるのは、子供の存在をそのまま認めるという姿勢です。○○ができないから駄目、成績がもっと良くなければ駄目、というような見方で子供を見ているのでは、信頼していることにはなりません。

子供は成長途上ですから、失敗もすれば間違いをしでかすこともあります。しかし万が一、間違ったことをしても、親は子供への信頼を示し続けることです。子供は親から信頼されていると実感することで、自分を取り戻し、立ち直ることができるのです。

私の体験を一つ紹介しましょう。

大学3年の頃、父の会社の東京支社がオープンしました。オフィスは新宿のマンションの一室です。そのなかの四畳半の部屋をあなたが使っていいからということで、私は一人暮らしをしていたアパートを引き払って、そこに住むことになりました。

いまも昔も大学生といえば、授業だけでなくサークル活動という名の飲み会で忙しいものです。ある日のこと、私は仲間たちと新宿で飲み明かしました。帰ろうと思えば途中で帰れたのですが、終電に乗り遅れた同級生や後輩が何人もいて、彼らを残して私だけが帰るのは申し訳ないと思ったのです。

始発が走り出し、仲間たちと別れて帰路についたのは午前5時を過ぎた頃でした。マンションのドアを開けた瞬間、私は血の気がサーッと引きました。

消して出かけたはずの部屋の電気がついており、玄関には父の靴があったからです。そこは会社のオフィスなので、もちろん父はカギを持っています。それまでも大学の授業を終えて帰ると、父が来ていたことは何度もありましたが、朝帰りの現場を押さえられたことはありませんでした。

私は心臓が飛び出しそうになるのを感じながら、部屋の方へと向かいました。だし汁の良い香りが漂ってきて、トントントンと包丁の音が聞こえました。部屋に入ると、父がキッチンで味噌汁に入れる野菜を切っているところでした。

「ただいま」

私が父の背中に向かって言うと、父は手を止め、振り返らずに「お帰り」とだけ言って、また黙って野菜を切り始めました。

「遅かったな」とか「どこで何をしていたんだ」という小言を覚悟していた私は、バツが悪くなり、すぐに自室に行きベッドにもぐり込みました。しかし、徹夜明けなのに眠ることができません。あとで朝帰りの理由を聞かれるかもしれない。「いつもこんな生活をしているのか」と叱られるかもしれない。「仲間をおいて自分だけ帰れなかった」と言い訳すれば、わかってもらえるだろうか……などと、あれこれ考えて眠れなかったのです。

それでも疲れていたのでいつの間にか眠ってしまい、目が覚めたときは昼を過ぎていました。父はもう仕事に出かけていました。私はシーンと静まり返った部屋で独り、父が作ってくれた味噌汁をすすりました。

ただそれだけの出来事です。それなのに、いまでも私はあの朝のことを忘れることができません。

私たちきょうだいは全員、高校から親元を離れて暮らしていました。中学を卒業したら自立させるというのが父の教育方針だったからですが、親としては内心、心配や不安があったかもしれません。それでも子供を一人前の人間として扱い、信頼することで、自立を後押ししてくれていたのです。だから朝帰りをした私に何も言わなかったのでしょう。

しかし何も言わなかったからこそ、「あなたのことを信じているよ」という強烈な思いが伝わってきました。そこまで信頼してくれる父を裏切るわけにはいかない――あの朝の父の後ろ姿を思い出しながら、いつもそう思うのです。

子供を認めることも信頼することも簡単ではありません。しかし子供への愛があれば、必ずできるはずです。そして親の無条件の愛があれば、子供は必ずまっすぐに育ちます。

Point of child care

お父さんの子育てポイント

**親が子供を無条件に愛し
絶対的な信頼を寄せれば、
子供もそれを裏切らない。**

敬意をもって子供と接する

子供を認めるには、子供の存在そのものに敬意を払う姿勢が重要です。幼いからと軽んじたり、上から目線で支配的な態度で接するのはいけません。子供の人格を認めて、対等な一人の人間として敬意をもって接することが、「大切に育てる」ということです。

ここで「敬」について述べておきましょう。

「敬」とは、相手を敬い重んじることです。心のなかに「敬」という働きが育つことで、他者を大切にし、生命を重んじるようになります。そして相手を敬う心をもつことで、自らも進歩し向上しようという心が生まれて、周りの人たちから学ぼうという姿勢、意欲、向上心がわいてくるのです。「敬」はヒトを人間にする高次な心の働きといえるでしょう。

子供の心にこのような「敬」を育てるのは、家庭における教育です。とくに父親との関係を土台にして、「敬」が子供のなかに育まれていきます。

家庭のなかには「愛」と「敬」の両方がないといけません。父親と母親は自ずからその役割を分担していて、母親は「愛」、父親は「敬」の対象です。ですから子供は自然と母親を「愛」の対象として見、父親は「敬」の対象として見るようになります。

と同時に父親に対しては、「自分のことも敬ってほしい。重んじてほしい」という願望を抱くようになります。子供の心に「敬」の念を育てていくには、父親がこの願望を満たしてあげることが不可欠です。お父さんがしっかりと目を子供に向け、無条件の愛情を子供に注ぐことで、子供の願望を満たしてあげるのです。

仕事が忙しくて子供と過ごす時間がなかなか取れなくても、「目はいつもあなたに向いているよ」というメッセージをしっかりと子供に伝えてください。字が読める年齢の子供なら、カードに「ともだちがいっぱいできたんだね。よかったね」とか「ピアノのおけいこ、がんばっているね」といったメッセージを書いて、枕元に置いておくのもいいでしょう。一緒に食事をするときに、「ママから聞いたけど、頑張っているんだってね」と言ってあげるのもいいでしょう。

そういうことの積み重ねで、お父さんの気持ちは子供に確実に伝わっていきます。そして遊ぶ時間ができたときは、百パーセント子供と向き合って、真剣に一緒に遊ぶことです。

私の父も非常に忙しい人でしたから、あまり構ってもらえませんでした。でもなぜか私の心のなかには、父にかけられた言葉や父と一緒に遊んだ思い出が鮮明に残っています。おそらく父は、どんなに忙しくても目の端でいつも私たち子供の様子をとらえてくれていて、遊ぶときは本気で遊んでくれていたのです。

子供たちに対する父のそうした真剣さが、私の心にしっかりと刻み込まれているのでしょう。頼りになる大きな父でした。

何でも気軽に話せる友だちのような父子関係もいいかもしれませんが、やはりお父さんには、一家の大黒柱としての存在感と威厳をもっていてほしいものです。

お母さんが日頃から、お父さんをリスペクトするのも大事なことです。お父さんが留守がちでも、お母さんが子供に「あなたたちがやりたいことをやれるように、お父さんはいま働いてくれているのよ」と話して聞かせていれば、子供の心のなかに「敬」の念は育っていきます。

間違っても、「まったく、今日もパパは遅いのね！」「早く帰ってくればいいのにね」などと言ってお父さんを悪者にしないよう、お母さん方にはお願いしたいものです。それが「もっと家族と一緒にいてほしい」という寂しさの裏返しであったとしても、子供には正確に伝わらないことがあるからです。ましてや、「お父さんみたいになっては駄目よ」なんていう言葉は禁句中の禁句です。

東京の大森貝塚を発見、発掘したことで知られるアメリカ人の動物学者、エドワード・S・モースが、『日本その日その日』というスケッチつきの日記を残しています。そのなかに、当時の日本の自然や日本人に対する感想が数多く記されており、日本の子供の印象も書かれています。

「世界中で日本ほど子供が親切に扱われ、子供のために深い配慮がなされる国はない」

「子供たちがいつもニコニコしているところから判断すると、子供は朝から晩まで幸福であるらしい」

日本の親は子供を大いに愛し、大いに敬って育ててきました。だからこそ子供も親を敬い大切にし、そうした相互関係によって理想的な家庭教育が行われていたのだといえます。古き良き日本の家庭、親子のあり方をいま一度見直し、それに倣《なら》ってみるのもいいかもしれません。

Point of child care

お父さんの子育てポイント

「敬」の心は
家庭で育まれる。
とくに父親との関係で育っていく。

chapter 03

子供を「ほめて」育てる

ほめられて育った子供は「生きる力」が身につく

幼い頃、私はブロック遊びが大好きでした。ブロックといえば、いまでこそ窓やドア、線路や車輪、キャラクターのフィギュアなど、いろいろなパーツが揃っていますが、私の子供時代はそんなにバリエーションはありませんでした。それでもわが家には、父が私のために買い揃えてくれたブロックが大きな段ボール箱2個分ほどあって、私は2時間でも3時間でも一人で遊んでいました。

とくに夢中だったのは、ブロックを色別に分けて規則正しく組み合わせながら模様を作っていく遊びです。たとえば、赤のブロックを5個つなぎ合わせたものを何組か作り、等間隔でずらしながら組み合わせていきます。その隣りに青のブロック、そのまた隣りに黄色のブロックを同じようにつないでいくと、赤青黄の幾何学模様が出来上がります。つなぐ個数や組み合わせのルールを変えると、模様の種類は無限に広がっていきます。

あるとき、そんなふうに模様を作りながら城を組み立てました。城といっても3、4歳の私がやっと隠れることができるくらいの、四角い囲いにすぎなかったのですが、父はそれを見て、

「おぉ、すごいのができたなぁ！」

と、ほめてくれました。

「もっと高く積んでみたら」とか「ここをこうしてみたら」とか言うのではなく、ちゃんと目を留め、ありのままをほめて感心してくれたのです。

幾何学模様というのは円や三角形、直線や曲線などの図形で構成される模様です。「幾何学」はそもそも数学の一分野ですから、幾何学模様は数学の方法論なしには作ることができません。イスラム教のモスクの壁面や床には、モザイクで美しい幾何学模様が描かれています。あれはどのようなパーツをどのように組み合わせていくか、綿密に計算し尽くされています。

「スピログラフ」という幾何学模様を描く定規があります。その名前は知らなく

ても、穴のあいた定規に小さな歯車をはめ、その歯車に鉛筆やペンの先を差し込んでクルクルと動かしていくと幾何学模様が描けるおもちゃ、といえばわかる方も多いでしょう。私が小学生の頃に発売されて大ブームになりましたが、スピログラフはもともと、19世紀末に面積を計算する道具として電気技師が開発したものです。

このように、幾何学模様と数学は切り離せない関係にあることがわかると思いますが、父は、夢中になってブロックで幾何学模様を作っている私のなかに、数学の能力を見出してくれたようです。

その後も何かにつけて、「厚さんは計算が得意だね」とほめてくれましたし、計算が必要なトランプ遊びをいろいろ教えてくれたりもしました。そのおかげで私は算数が好きになり、得意科目になり、そして大学では数学科に進んだのです。

言葉には、「生きた言葉」と「死んだ言葉」があります。ほめたり認めたりするのは「生きた言葉」です。「上手になったね」「うまく描けたね」「よく頑張ったね」——このような生きた言葉をかけられながら育った子供は、自分を価値ある存在だと感じられるようになり、自己肯定感が高まります。

それに対して、「お前は駄目だ」「出来が悪い」といった否定的な言葉や、見下したり貶《おとし》めるような言葉は「死んだ言葉」です。死んだ言葉を言われ続けると自己肯定感が損なわれ、「どうせ私は駄目だ」と思い込んでしまいます。

ある学校に、学級崩壊してしまったクラスがありました。担任の先生がクラスを改善するために用いたのは、生徒同士が互いにほめ合うという方法でした。どんな言葉でほめればいいのかを丁寧に教え、朝のホームルームでその日にほめる生徒を決めて帰りのホームルームで皆に発表してもらうなど、工夫を凝らしていきました。そのうちに生徒たちの表情がどんどん明るくなり、クラス全体が落ち着いて勉強できる雰囲気に変わっていったそうです。

企業のマネジメントにおいても、人材を活かすにはほめることが大切だとよくいわれます。ある調査によれば、3か月間お互いにほめ合ったグループと、そうでないグループとを比較したところ、前者の営業成績のほうが2割も高かったという結果が出ています。

生きた言葉は人に自信をつけ、意欲を高めるのです。

子供はこれからの人生でいろいろな壁にぶつかります。靴下がなかなか履けなかったり、滑り台に上れなかったり、鉄棒がうまくできなかったり……。もっと大きくなれば、苦手科目に苦労したり、受験や入社試験に失敗して落ち込むこともあるでしょう。そんなとき、「もう少し頑張ってみよう！僕（私）ならきっとできる！」と、力と勇気になるのが、小さい頃から親がかけ続けてくれた生きた言葉なのです。

子供と過ごす時間が長いお母さんは、子供の行動が気になるせいか、注意や小言が多くなりがちです。もちろん子供の将来を心配して言っているわけですし、良くない習慣を改めさせるときには注意も必要です。しかし、お母さんからもお父さんからも始終、注意や小言を言われていたら、子供はたまりません。

お父さんの役割の一つは、子供に生きる力を与えることです。ですから、積極的にほめるようにしてください。

目標は一日5回です。もちろんそれ以上ならなお結構ですが、少なくとも一日5回はほめてあげましょう。それで子供の態度や振る舞いは大きく変わります。言うことを聞かなかった子供が聞き分けが良くなったり、勉強をしなかった子供が自分から勉強をするようになります。

Point of child care

お父さんの子育てポイント

一日5回、子供をほめよう。「生きた言葉」でほめ続けると子供は大きく育つ。

「認める」と「ほめる」の違い

七田式の子育てがもっとも大切にしているのは、「認めて、ほめて、愛して育てる」です。これがしっかりとできていれば、親子の心は通い合い、子供はまっすぐに大きく成長します。

もしも反抗的な態度や困った言動が目につくようであれば、それは親の愛情を求めているサインです。子供を叱る前に、親が自分自身の態度や行動を振り返ってみるといいでしょう。

たとえば、子供が一生懸命に話しかけているのに生返事ですませていませんか。「本を読んで」「一緒に遊んで」と言ってきても、「いまは忙しいから駄目」と拒絶したりしませんでしたか。思い当たるふしがあれば、子育ての基本である「認めて、ほめて、愛して育てる」にもう一度戻ってください。

私の長男が小学校の高学年頃のことです。一緒に外を歩いていたら、ふと、彼の手と私の手が触れました。すると彼が私の手を握って、手をつないできたのです。ちょうど私が仕事で忙しくしていたので、「寂しがらせてしまっているのだな」と思い、家に帰るまで手をつないで歩きました。

子供が何らかのサインを出してきたら、しっかりと応えてください。大きくなっても子供には親のたっぷりの愛情が必要です。

ところで、「認める」と「ほめる」は似ているようですが、違いがあります。「認める」というのは、子供の存在そのものを喜び、子供のいまの姿を受け入れることです。何ができても何ができなくても関係なく、ありのままの子供を受け入れるのが「認める」ということです。

お利口でいたらかわいがる、良い成績がとれたら愛するというのであれば、それは受け入れる条件をつけているわけですから、認めていることにはなりません。また、「うちの子は○○ができない。△△もできない」とマイナス面ばかりを並べ立てているのは、ありのままを認めていることにはなりません。

一方、「ほめる」というのは、子供がしてくれたこと、できるようになったことに対して、言葉をかけることです。たとえば、お手伝いをしてくれたときは、ほめる絶好のチャンスです。靴を自分で履けるようになった、数字が読めるようになったなど、年齢にふさわしい到達度もほめる目安の一つになります。

ぜひ、ほめ上手になってください。お手伝いをして親が喜んでくれたら、自分が喜ばれる存在だと実感することができ、自分に対する自信がつきます。ほめてあげることで、子供は力をつけてぐんぐん伸びていきます。

Point of child care

お父さんの子育てポイント

「ほめる」とは、子供がしてくれたことやできるようになったことに言葉をかけること。ほめ上手になると子供はすくすく育つ。

お手伝いを頼んで「ほめる種まき」をする

「あなたは、タオルを畳むのと掃除機をかけるのがいちばんうまい！」

小さい頃から、母はいつも私をこう言ってほめてくれたものです。私もその気になって、父や母が洗濯ものを取り込む横でせっせと畳んだり、日曜日には率先して掃除をしたりしていました。

じつは、いまでもわが家ではタオルを畳むのは私の担当です。クリーニング屋さん並みとはいきませんが、子供時代から年季が入っているので、角と角を合わせてピシッときれいに畳むことができます。

2〜3歳になると、そろそろ簡単なお手伝いができる年齢です。お手伝いは生活習慣の自立を進めていく上でも必要ですが、ほめるための種まきになります。

わが家では娘が3歳になったとき、家族の人数分の水をコップに汲む、というお手伝いをさせることにしました。製水器の前に踏み台を置き、コップを持ってそれに上り、蛇口のレバーを降ろして水を出し、コップがいっぱいになったら水を止めて、踏み台から降りる。3歳の娘にはそれだけでも1分以上かかり、大仕事です。

しかし、「ありがとう。上手にできたね。もうお手伝いができるんだね」と、ほめると満面の笑顔になり、「パパとママとお兄ちゃんの分、あと三つ汲んでくれる?」と頼むと張り切って、また一つひとつのコップに丁寧に水を汲んでくれました。

小さな子供にお手伝いを頼むと時間がかかります。ですから親は「私がやったほうが早い」と手を出したくなりますが、「ほめるための種まき」と思って、ぐっと我慢してください。

上手にできないこともあるでしょう。やり方がわからず迷っているようであれば、お手本を示してあげる必要がありますが、子供が前向きに取り組んでいるのであれば、「そんなやり方では駄目」と否定したり、「もっとこうしなさい」と指図したりせず、黙って見守ってあげたほうが良いでしょう。

私の父はそのあたりの加減がとても上手でした。あるとき私が皿洗いをすると喜んで、「洗ってくれてありがとう」と言ってくれました。しかし、小さい子供のやることなので洗い残しがあったようで、何日か経ってからさりげなく、「お皿はこうやって洗うときれいになるよ」と言いながらやって見せてくれました。

お手伝いをした直後に駄目出しをされたら、きっと私は「せっかく手伝ったのに……」と、がっかりしたでしょう。前向きに取り組んでいるのに、「ああしなさい」「こうしなさい」と細々と指図されるのも、モチベーションが下がります。子供の意欲を尊重し、子供の気持ちを傷つけないようにと、父はいつも心配りすることを忘れませんでした。

子供が手伝いをしてくれたら、その出来がどうであれ、「手伝ってくれてありがとう」「お父さんはとても助かったよ」と、感謝を伝えてください。感謝をされると、ほめられたときと同様に自分の存在が認められたと感じて、自己肯定感が高まります。「またやろう」と意欲がわき、「ぼく（私）にもできる」と自信を育てることにもつながります。

Point of child care

お父さんの子育てポイント

上手にできても、できなくても、お手伝いしてもらったら感謝しよう。感謝の言葉で子供の意欲と自信は養われる。

できないことではなく、できる部分に目を向けてほめる

「うちの子はできないことが多くて」とか、「ほめるところが見つからない」とか、おっしゃる親御さんがいます。

本当にそうでしょうか。冷静に子供を見つめ直してみると、できることがたくさんあるはずです。それにもかかわらず、できないことに目がいってしまうのはおもに三つの要因が考えられます。

一つは、親が勝手に子供の理想像をつくり上げているためです。親にとって気になる子供の短所というのは、往々にして理想と現実とのズレである場合が多いものです。親の勝手な理想形に子供をはめこもうとするのは禁物です。それは子供をありのままに受け入れず、子供の能力を低く見ていることに他なりません。

二つ目は、他の子供と比較しているためです。「○○ちゃんはハサミが使えるのに、うちの子はまだ使えない」、「△△くんはクルマの絵を上手に描いているのに、うちの子はなぐり書きのようなものしか描けない」……。他の子供と比較すると、どうしてもわが子のできない点に目が向いて心配になってしまいます。しかし、お父さん自身にも得手不得手があるように、子供にも得手不得手があり、向き不向き、好き嫌いがあるのです。

また、同年齢の子供たちと比べて何かができないと、発達や成長が心配になることがあるかもしれません。

成長過程には、特定の事柄に強い感受性を現す時期というものがあります。たとえば、書くことに夢中になる時期、貼ることに夢中になる時期、切ったりちぎったりすることに夢中になる時期などです。これらは生物学的にいうと、特定の機能を身につける時期なのです。

ティッシュペーパーやお尻ふきを箱から次々と引っ張り出されて、手を焼いた経験のある親御さんは少なくないでしょう。あれは、親指・人差し指・中指の3本の指で細かい作業を行うために必要な機能を身につけているのです。

すべての子供が同じ時期に同じことに夢中になるわけではありません。上手にできるようになるとも限りません。上手にならなくても、子供自身が一つの目的を果たしたと感じると、感受性は他のことに移って次はそちらに夢中になります。ですから、「いま、○○ちゃんはハサミに夢中になっていて、うちの子はシールを貼ることに夢中なのだ」という具合に状況を判断して、成長を見守りましょう。

私たち人間の脳はもともと、短所が気になるようにできています。脳は生存を脅かすものに対して敏感で、不利な情報を受け取りやすいのです。生存に不利だと判断すると不安を感じ、安全な方向へ導いて命を守ろうとするわけです。短所や欠点、駄目なところが気になるのは、それが「不利な情報」だからです。つまり良いところに目を向けるには、意識的にそうする必要があるのです。

人間は誰でも長所と短所をもっています。だからこそ成長できるのです。しかし短所ばかり気にしていると、せっかくの長所も活かすことができません。

スティーヴィー・ワンダーは、言わずと知れた偉大なアーティストで音楽プロデューサー、そして歌手としてグラミー賞の最多受賞者です。未熟児網膜症で目が不自由になった彼を世界的な音楽家へと導いたのは、少年時代の先生のひと言でした。

それはある日の理科の授業中のこと。実験に使っていたマウスが逃げて、どこかに隠れてしまいました。みんなで探しましたが、見当たりません。

先生は全員を席に着かせて、言いました。

「これだけ探して見つからないのだから、あとはモーリス君（S・ワンダーの本名）にお願いしましょう」

教室中がざわざわし始めました。そんななか、一人の生徒が手を上げて言いました。

「彼には無理だと思います。目が不自由だからです」

それに対して、先生はこう答えました。

「そう、モーリス君は目が不自由です。だから彼にはできないと、みんなは思っているかもしれません。でも先生は知っています。彼にはすばらしい耳がありま す。神さまがくださったその聴力を活かせば、きっとマウスを見つけることができると先生は信じています。では「モーリス君、お願いできますか」

モーリス少年は期待に応え、見事にマウスを探し出しました。その日、彼は日記に次のように書いたそうです。

「あのとき、ぼくは生まれ変わった。先生はぼくの耳を、『神さまがくれた耳』とほめてくれた。ぼくはそれまで目が不自由なことを重荷に感じていたけれど、先生がほめてくれたおかげで大きな自信をもつことができた」

その後、彼はデビューを果たし、13歳で全米ヒットチャート1位を獲得するという偉業をなし遂げたのです。

天は私たちにすばらしい力を与えてくれています。その力を活かすことができる人が「天才」です。せっかく授かっている力も、使わなければ伸びません。できないことではなく、できることをあたたかい目で見つめ、積極的にほめてください。そうするとその部分がぐんぐんと伸びて、すばらしい力を発揮することができるのです。

Point of child care

お父さんの子育てポイント

子供を勝手な理想像に当てはめない。
他の子供と比べない。
できることをほめてあげよう。

できなくて当たり前。子供に完全を求めてはいけない

親は誰でも、子供に期待をかけるものです。良い子、デキる子になってもらいたいあまりに、発奮させようとして「ぐずぐずしていないで早くしなさい！」「何でそんなに駄目なの！」「どうしてこんなことができないの！」などと言いがちですが、そのような死んだ言葉は子供の勇気ややる気を削いでしまいます。

また、否定的な感情は相手に必ず伝わります。親が自分をいつも否定的に見ていると感じた子供は、反抗的になったり問題行動が多くなったりすることがあります。

20世紀初頭にドイツで創始した心理学の一学派であるゲシュタルト心理学に、

「未完の行為」という考え方があります。未完の行為とは、過去にできなかったこと、してほしかったのにしてもらえなかったことなどに対する心残りがあると、それにとらわれるあまり、自分や他人に完璧さを求めてしまうというものです。「○○だったらいいのに」「△△ができたらいいのに」と言われながら育った子供は、「完璧にならなくてはいけない」「完璧になったら望みが叶う」と思うようになります。しかし人間は所詮、不完全な生き物で完璧になることなどできません。その結果、「完全でないからほしいものが得られないのだ」と葛藤し、不安感が強くなったり、幸せを感じられなくなったりするのです。

子供に完全を求めるのはやめましょう。子供のいまの姿は、成長の一過程にすぎません。できないことがあって当たり前なのです。

また、人は不完全だからこそ、少しでも完全に近づこうと努力をします。不完全さはその人の個性であり、それ自体に価値があるのです。

娘が3歳になったとき、この時期に何かを始めさせたいと思い、ピアノの教室に連れて行くことにしました。ところが、少しもピアノには集中できず、テキストに描いてある絵や、鍵盤が動く様子のほうが気になって、レッスンどころではありませんでした。数か月経った頃に行われた発表会では私と簡単な連弾をする予定でしたが、リハーサル前からぐずってしまい、結局、娘を膝に乗せたまま、私とピアノの先生で連弾することになってしまいました。

そんなわけで、習い始めてわずかな期間でピアノをやめることになったのですが、しばらくすると娘は自分から「ピアノがやりたい」と言い出して、それからは親に言われなくても進んで練習するようになりました。とても楽しそうにピアノを弾く姿が印象的でした。そして小学校4年生のときには、日本でもっとも大きなピアノコンクールにも挑戦したのです。地方予選でしたが……。

子供がやる気になっていない時期に無理に押しつけても、良い結果にはなりません。子供それぞれに始めるタイミングがあり、また、それぞれにできるようになるタイミングがあるのです。

できないことがあっても当たり前と思って、気にしない。できることをきちんとほめる。このことを心がけると、子育てをする親の気持ちも楽になっていくでしょう。

Point of child care

お父さんの子育てポイント

完全主義で育てると
子供が幸せを感じにくくなる。
できないことも個性の一つ。

子供の問題行動もなくなる!? 上手なほめ方

ほめ方にも、適切なほめ方とそうでないものがあります。ここでは具体例をあげながら、ほめ方のコツを紹介しましょう。

「おだてる」と「ほめる」を混同しない

「おだてる」と「ほめる」は違います。『大辞林』には両者の意味が次のように書かれています。

【おだてる】①あることをさせようという意図をもって、人を盛んにほめていい気にさせる。②気持ちを乱すようにまわりであおり立てる。③まわりではやし立てからかう。

【ほめる】①高く評価していると、口に出して言う。たたえる。②祝う。祝福する。

親が「こうあってほしい」「こうしてほしい」と思う方向に導こうとしてほめるのは、おだてです。また、大袈裟に「えらいね！　いい子だね！　すごいね！」と言ったり、やたらに「お利口だね」「立派だね」と連発するのもおだてです。

「サルもおだてれば木に登る」といいますが、おだててやらせるということを繰り返していると、子供は「ほめられたいからやる」「ほめられるためにやらなければ」と思うようになってしまいます。

行為を具体的にほめる

本当の意味の「ほめる」とは、行為や事実に対する賞賛を表すことです。ですから、行為、理由、中身を具体的に示してほめてあげることが大切です。

たとえば、「ちゃんと靴を揃えられたね。えらいね」「自分できれいに歯が磨けたんだね」「本をちゃんと本棚にしまったんだね。いい子だね」「〇〇ちゃんは折り紙が上手に折れるんだね。すごいね」といった具合に、できたことを具体的にほめることです。

結果だけではなく、努力や過程を評価する

私の母がよく、「子供はモノを買ってもらうより、自分に力がついていくことが何よりも嬉しいんだよ」と言っていました。

その通りだと実感した出来事があります。

長男は小学校に上がってから、習字やそろばんなどいくつか習いごとを始めました。あるとき、何がいちばんおもしろいかと尋ねたら「習字」と答えたので、理由を聞いたところ、「字がうまくなるのが楽しい」と言っていました。

できなかったことができるようになると実感するたびに、子供は大きな喜びを感じます。そして、もっとできるようになりたい、もっと知りたいと思うようになるものです。

ほめるときは成果や結果だけでなく、子供が頑張った過程にフォーカスしてほめることをおすすめします。たとえば、習字で花マルをもらってきたら、「花マル、

すごいね」と言うより、「何度も練習していた努力が実ったね。よく頑張ったね」といった具合です。努力や過程をほめるようにすると、次のステップに進むモチベーションが高まります。

親の喜びや感謝を伝える

親の喜び、感動や感謝を子供に伝えることは、ほめることと同じ意義があります。「嬉しいよ」「助かったよ」「ありがとう」といった言葉によって、子供は自分の存在価値や、自分が人の役に立っていることを実感することができます。

スキンシップを行う

日本人はスキンシップが苦手のようですが、子供をほめるときには、抱きしめる、なでる、キスをするといったスキンシップも合わせて行うようにしてみてください。子供がお手伝いをしてくれたら、「手伝ってくれてありがとう。お父さん、とても助かったよ」と、子供をぎゅっと抱きしめるのです。そうすると、親に認められたい、ほめられたい、愛されたいという、子供が無意識に抱いている欲求がいっぱいに満たされます。

これは、子供の問題行動に悩む親御さんが父のところに相談にみえたときに、父が実際にしたアドバイスです。親御さんがこのアドバイス通りにしたところ、子供の問題行動はスッと消えたそうです。

Point of child care

お父さんの子育てポイント

できたことを具体的にほめる。そしてぎゅっと抱きしめ親の喜びと感謝を伝えよう。

自律や自立ができるようになる良い叱り方とは

ほめてばかりいたら正しく育たないのではないか、と心配に思うお父さんもいるかもしれません。

実際にはその逆です。ほめて愛して育てた子供は、ネガティブな心がありません。だから、まっすぐで素直なやさしい人に成長します。親の注目を引こうとして問題行動を起こすようなこともありません。

しかし、人としてやってはいけないことを子供がしているのに、注意せずに放っておくような子育てはいけません。正しいことと間違っていること、良いことと悪いことは、しっかりと教えなければいけません。

そして、間違ったことや悪いことをしたときには叱ることが必要です。ここでは叱り方について述べていきましょう。

「わがまま・いじわる・うそ・はんこう」

これは、私が子供の頃に家のリビングに貼られていた、「これをしてはいけない」という七田家のルールです。語呂がいいので子供でも覚えやすく、私などは歌うように口ずさんでいたものです。

「わがまま」とは、人に迷惑をかける行為です。本来、子供はわがままです。座りたいときは道の真ん中でも座りますし、泣きたければ電車のなかでも泣き叫びます。そうした子供に、人としてやって良いことと悪いことを教え、わがままを抑えることを学ばせるのが、子育てで重要な点です。耐える力を身につけることで、意志の強い子供になります。

「いじわる」とは、人を傷つける行為です。肉体的にも精神的にも人を傷つけてはいけません。自己中心ではなく、人に親切にするのも大切なことです。

「うそ」が良くないことは言うまでもありません。正直は美徳です。童話や絵本には正直の大切さを教える話がたくさんあるので、そうしたものもうまく利用して、子供のうちから正直さを身につけさせておきたいものです。

「はんこう」とはこの場合、親に反抗したり口答えをしたり、親を馬鹿にするような態度をしたりすることを指します。小さな子供は善悪の判断が正しくできないので、理屈抜きに親に従う従順さを身につけることが必要なのです。もちろん、その前提として、親が正しい分別《ふんべつ》を備えていなければいけません。

この七田家のルール、「わがまま・いじわる・うそ・はんこう」は、子供の心を悪くするものです。父と母はある日、私たちきょうだいを呼んで、「ここに書いてある四つのことをしてはいけません。もし、あなたたちがこれをしたら、叱ります。これをしなければ叱りません」と宣言したのです。

実際、この四つをすると叱られましたが、それ以外で叱られたことはありません。家のなかを走り回ったり、お茶碗を落として割ったりしても叱られませんでしたし、成績のことで叱られたこともありません。私の両親は、「良（善）い心」を養うことを子育ての最大の基準にしていたのです。

このように、はっきりした基準をつくっておくことは非常に重要です。そうでないと父親と母親で叱るポイントが違ったり、気分によって叱ったり叱らなかったりしてしまいます。すると、子供は善悪の基準が理解できず、親の顔色を見てから行動するようになり、自律も自立もできません。

「わがまま・いじわる・うそ・はんこう」でなくても構わないので、ご家庭で話し合ってルールを決めるようにしてください。

そしてそのルールを、早いうちから徹底して身につけさせることです。人間の性格は、6歳頃までの幼児期にほぼ決定づけられるといわれます。この時期に子供のわがままを許してしまうと、子供の性格が損なわれてしまいます。いけないことはいけない、と言い聞かせる強さが親には必要です。

叱るときに気をつけてほしいのは、行為それ自体を叱るようにし、子供自身を叱らないようにすることです。

「本を踏んではいけません」「食べものを投げるのは、良くないことです」「人を傷つけてはいけません」といった具合に、何が悪かったのか、どういう行為が間違っていたのか、はっきりと示して叱るのはOKです。

しかし、「なぜこんなこともできないんだ。できない子はお父さんは嫌いだ」とか、「お前みたいな悪い子は、お父さんとお母さんの子供じゃない」などと子供の人間性を叱ったり、「もう家から出て行け！」と子供に恐怖を与えるような叱り方はNGです。なぜ叱られたのか理由を理解する前に、自尊心が傷つき、恐怖心が先に立ってしまうからです。それが繰り返されると、自己肯定感が下がって自信を失い、本来もっている能力を存分に発揮できなくなってしまいます。

長男が小学3年生の頃、言われたことをやらずにいたり、「はい」ときちんと返事をしないことが続いた時期がありました。このままではいけないと思い、ある日、長男を正座させ、私も正座をし、彼の目を見ながら叱ったことがありました。彼にとって叱られたことは面白くなかったはずです。

しかし、父親と気持ちが通じ合ったと感じたのでしょう。その後は問題行動も改まり、それればかりでなく、「お父さん、お父さん」と、最近学校であった話や友だちのことなどを、しきりに話してくれるようになりました。

じつはちょうどその頃、母親は生まれたばかりの次男の世話、私は3歳の長女の世話に手が取られて、長男の相手をあまりしてやれずにいたのです。それで彼は寂しさを感じていたのだと思います。

もしも子供に問題行動があるのなら、それは親の愛情を求めているサインです。

きちんと子供と向き合って、何がいけなかったのかを具体的に示して叱り、最後に「あなたがとても大切だから、叱ったんだよ」「お父さんはあなたができると信じているから、叱ったんだ」と、愛をしっかりと伝えることです。そうすれば子供は必ず親の愛情を感じ、ものごとの善悪も理解できるようになります。

体罰について、どうとらえればよいかという考えもお伝えしておきましょう。しつけと体罰の線引き、そして、どこからが虐待なのかを考えさせられる事件も少なからず起きており、悩んでいるお父さんも多いことでしょう。

体罰は基本的にすべきではありません。しかし、人として間違ったことをしたとき、子供に本当に大切なことを教えなければいけないとき、普段はめったに怒らないお父さんが叱り、つい手を出してしまった——、というのは許されるのではないかと私は考えています。

ただしその場合でも、あらかじめ明確なルールをつくり、それを破ったときには叱り、体罰を与える場合があることを子供に伝え、子供と約束を交わしておくことが大前提です。そうすれば、子供は自分がなぜ叩かれたのかを理解し、反省し、改めることができます。心が傷つくこともありません。しかしこの前提が欠けていると、子供はお父さんが感情にまかせて自分を叩いたと感じ、心に深い傷が残ってしまいます。

繰り返しますが、体罰は基本的にすべきではありません。また、叱る子育ても良くありません。小言が多いのも、子供の心を曲げてしまう原因になります。

子供を愛し、認めて、上手にほめて、やる気を起こさせる――これが子育ての望ましいあり方です。

Point of child care

お父さんの子育てポイント

ルールを破ったときに叱る。
七田家のルールは
「わがまま・いじわる・うそ・はんこう」

chapter 04

子供を「愛して」育てる

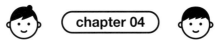

小言や叱責ではなく親の愛が脳力を伸ばす

「無事に生まれてきてくれますように」「健康に育ちますように」ただそう願っていたのに、いつの間にか「お稽古をちゃんとしなさい」「宿題は終わったの？」といった小言が多くなっている方もいるかもしれません。

勉強しなさい、お稽古しなさいと叱っても、子供が思い通りにならないことは、子育てを経験したことのあるお父さんならよくご存じでしょう。無理やり言うことを聞かせたとしても、それは表面的にすぎず、子供のためにはなりません。親に言われないとやらない、親の顔色を見てやる、そんな子供になってしまいますし、思春期になって爆発する心配も出てきます。

子供を動かすのは愛情です。小言や叱責ではありません。「お父さん、お母さんは私（ぼく）を愛してくれている」という確信があれば、子供は親の言葉を素直に受け入れて、自分から動くようになります。

想像してみてください。もしもあなたが、あと数時間しか生きられないとしたら、子供に何を伝えたいですか。決して「宿題しなさい！」「勉強しなさい！」といった言葉ではないでしょう。「あなたのことがとても好きだよ」「とても大切に思っているよ」という、愛のはずです。

もしもあと半年で命が終わるとしたら、子供に何を遺してあげたいですか。お金や土地や家ではないでしょう。正しく生きていける力ややさしい心など、人としての要となるものを子供のなかにつくり上げておきたい、と思うのではないでしょうか。

だとしたら、いつもそれを子供に伝えるようにしてください。親は誰でも子供に幸せになってほしいと願うものです。その愛が子供を成長させるのです。

親の愛は、子供の脳の発達にも大きな影響を与えます。

まずは脳の仕組みからお話ししましょう。人の脳の大部分を占める大脳は、右脳といわれる右半球と、左脳といわれる左半球で機能が異なっています。

左脳は、おもに言語や計算、論理思考を司《つかさど》り、ゆっくりしたスピードで理屈に沿って、ものごとを筋道立てて考えたり、記憶したりすることに長けています。一方、右脳は空間認識の機能を司っており、視覚的な情報をトータルに把握します。速いスピードでものごとを処理し、感覚的に判断したり、記憶したり、感じ取ったりすることに長けています。

子供とトランプの神経衰弱をすると、しばしばその能力に驚かされます。大人の私は「右上から7、2、3…」などと理屈で覚えようとしますが、子供は思い出そうとか考えたりしているふうもなく、適当にカードをめくって当ててしまいます。

ジグソーパズルでも、私は四隅のピースを探し、その次に周りの枠のところから埋めていきます。大人はたいていそうでしょう。ところが子供は手当たり次第に置いていき、完成させてしまいます。直感的で感覚的です。

こうした例には、大人と子供の脳の使い方の差が現れています。子供の脳は、直感やひらめき、ものごとを感覚的にとらえて高速で処理するのを得意とする右脳が優位に働いています。大人の脳は言葉を操ったり、論理的にものごとを考えたりする左脳が優位に働いています。つまり、胎児期から幼児期にかけては右脳の機能が優位ですが、言葉や文字を覚えたりものごとを論理的に考えるようになるにしたがって、左脳優位へと移っていくのです。

七田式教育は、右脳が優位な幼児期に適切な働きかけをし、子供がもともと備えている能力を引き出すことを目的とした教育を行っています。子供を天才児にしようとか、一流大学に現役合格する秀才に育てようというわけでは決してありません。結果的に勉強ができるようになり、良い成績を修めて良い学校に入れるかもしれませんが、本来の目的はそこにはありません。

人は誰でもすばらしい可能性、能力、才能をもって生まれてきます。しかし、発揮できるのはわずか数パーセントで、残りは使われずに眠ったままにされているという説があります。それがいわゆる潜在能力ですが、潜在能力を眠ったままにさせず、最大限に引き出そうというのが、七田式教育の目指すところです。

そしてそのためには、右脳が圧倒的に優位な状態にある幼児期の育て方と教育が重要なカギとなるのです。

やや極端な例になりますが、いまから20年ほど前、ネグレクト（育児放棄）が脳の発達に及ぼす影響を調べるために、アメリカのチューレーン大学、メリーランド大学、ハーバード大学の研究チームが、施設に収容された2歳未満の子供たちを対象に行った調査結果を紹介しましょう。

対象となった施設では1人の養育係が乳児15～20人の世話をしていたため、一人ひとりの子供と触れ合える時間は、ミルクをあげるときとお風呂に入れるときくらいでした。こうして育てられた子供の脳波を調べたところ、同年代の一般の子供よりも脳の活動が著しく弱いことがわかりました。

研究チームはその後、子供たちを2グループに分け、数年間の追跡調査を行いました。一つのグループは施設でそのまま育て、もう一つは2歳になるまでに里親に引き取ってもらい、養育費やおもちゃや本などを支給し、ソーシャルワーカーが定期的な家庭訪問をしながら育てました。

その結果、8歳時点の脳の容積は、どちらのグループも一般家庭で育った子供たちより小さいことがわかりましたが、脳の活動については両者に大きな差が現れました。

施設で育った子供たちの脳は活動が弱いままでしたが、里親に引き取られた子供たちの脳は、一般的な家庭の子供と見分けがつかなくなったのです。また、脳の容積は小さくても神経細胞から伸びるシナプスの数は多く、脳が発達していることが確認できました。

もう一つの調査結果を紹介しましょう。アメリカのカンザス大学の児童心理学者らが、42の家庭の子供たちを数年間にわたって追跡した研究です。

この調査では、親子の会話を録音するという手法が用いられました。それによると、親子の会話が多い家庭では、1時間当たり平均2000語を超える言葉を親が子供にかけていましたが、会話の少ない家庭は1時間当たり平均600語程度で、「駄目」「降りなさい」といった短い命令調の言葉が中心でした。

そしてこの語りかけの量が、脳の発達に影響することがわかりました。親との対話が多い子供は3歳時点でのＩＱがより高く、小学校に上がってからの成績も比較的良かったのです。

それならテレビやＣＤ、パソコンやスマホを使って言葉を聞かせておけばいいかというと、そうではありません。

ワシントン大学の神経学者らが行った調査があります。英語を母国語とする家庭の赤ちゃんを、中国人の保育士が遊び相手をしたり本の読み聞かせをするグループと、中国語の映像を見せるグループ、そして録音した中国語の音声だけを聞かせるグループの三つに分けて、中国語を聞き分ける能力を調べたところ、生身の触れ合いがあった赤ちゃんたちは中国語を聞き分けられましたが、映像や音声だけの赤ちゃんたちは中国語を判別することができませんでした。

赤ちゃんの脳は、3歳までに驚くべき発達を遂げるといわれています。しかし、それにはこれらの調査結果が示すように、親が子供にどう接するかが大きく関係しています。ミルクをあげる、おむつを換える、お風呂に入れるといった、親の手が必要なとき以外は、スマホを渡して放ったらかしというのでは、脳が十分に発達しない可能性があります。しかも、かける言葉が命令語やネガティブワードばかりでは、ますます心配です。

子供の「脳力」を伸ばすのは愛情です。親の愛が、子供の成長にとって何にも増して大切なのです。愛という栄養があれば自ずと認知機能が発達し、知能も発達していきます。それが学力にも反映していきます。

日頃忙しくて、子供と接する時間があまり取れないお父さんも多いかもしれませんが、そういうお父さんにもできることがあります。寝ている子供に話しかけてあげることです。

「○○ちゃんは明るくて素直で、いい子だね。パパはあなたのことがとっても大好きだよ。さぁ、ぐっすりと気持ちよく眠りなさい。明日の朝も気持ちよく目が覚めて、楽しい一日になるよ」

お父さんが愛情を伝え、ポジティブな言葉をかければ、それらは子供の心に、子供の脳に、しっかりと届いています。

Point of child care

お父さんの子育てポイント

親の愛が子供を伸ばす。
脳の発達を促すのも
親の愛とポジティブな言葉。

愛を注ぎすぎるということはない

コップに水を入れて置きっぱなしにしていると、いつの間にか水が蒸発してコップは空になってしまいます。子供も同じです。親が愛情を注ぐことを怠ると、子供の愛情のコップは空っぽになっていきます。

乳幼児の間、とりわけ0歳から3歳までは愛情をたっぷり注ぎましょう。できる限り時間や機会を見つけて、スキンシップをしたり言葉をかけたりして愛情を伝えてください。どんなに愛情を注いでも、もう十分だということはありません。愛情を注ぎすぎるということもありません。

「甘やかしてはいけない」と考えるお父さんもいるでしょう。しかし、甘やかすことと愛情を注ぐことは別ものです。甘やかすというのは猫かわいがりするだけで、人として間違ったことをしても叱らずにいることです。それは、子供が将来どのような人間になっても構わないと言っているようなものです。

真の愛情は厳しさと両輪です。人の道から逸れたことをしたら、厳しく叱って教えます。しかしその出発点にあるのは、子供に幸せな人生を送ってほしいと願う愛情ですから、最初にその愛情をしっかりと伝えることが必要です。

子供が親の愛を十分に感じることができていれば、厳しいことを言われても心を開いて素直に受け入れることができます。まずは愛を伝え、子供を認めて受け入れること。厳しく叱るのはそのあとです。


弟妹が生まれると、上の子が赤ちゃん返りをしたり、いたずらがひどくなったり、弟妹をいじめるといった問題行動を起こすことがあります。それはお父さん、お母さんの愛が、自分から弟妹に移ってしまったのではないかと不安になり、「私のほうをもっと見て」「ぼくをもっと愛して」と無意識に訴えているのです。「愛されないより叱られたほうがまし」、そんな健気な思いの現れです。

子供が隠しごとをしたり、親に何も話そうとしないなど、おかしな様子が見られる場合も、親の愛を十分に感じられていない可能性が考えられます。そうしたときは子供を叱ったり問い詰めたりする前に、お父さん自身の言動を振り返ってみてください。

愛情を伝える言葉をいつ言いましたか。いつ抱きしめてあげましたか。ほめてあげたのはいつですか。仕事に追われて最近そのような行為ができていないのであれば、いますぐ子供のところに飛んで行って、あるいはいますぐ電話で、「このところなかなか伝えられていないけれど、お父さんは○○のことがとっても大好きだよ。生まれてきてくれてありがとう」と言ってあげてください。愛は、心のなかで思っているだけでは相手に伝わりません。

またたとえば、子供がいたずらや喧嘩をしたとき、嘘をついたときなどに、子供の言い分を聞かずに頭ごなしに叱ったりしませんでしたか。「あなたが悪いんでしょう」「どうせ△△でしょう」などと決めつけて言い切ってしまうと、子供は親が自分のことを理解しようとしないと感じ、心を閉ざして話ができなくなります。本音を〝話さない〟のではなく、〝話せなくなる〟のです。そうすると愛情の通い合わない親子関係になってしまいます。

まず、「パパとママは、あなたが私たちの子供だということが、すごく嬉しいんだよ」「あなたとパパはいつも心が一緒だよ」と、愛をはっきりと伝えること。それから、「困ったことがあったら、何でも言ってね」と言えば、子供も安心して親を信頼することができるのです。

親なら誰でも、心のなかに「何があってもこの子を守るんだ」という深い愛情があるはずです。その思いをときどき見つめ直して、子供にストレートに伝えてください。

あるお母さんは、いつも次のように言っているそうです。

「ママはあなたのことが死ぬほど好きなの。世界中のみんながあなたに向かって『お前が間違っている』と言ったとしても、ママが絶対に守ってあげる。正しいも正しくないも関係なく、ただひたすら守ってあげる」

親から受ける無条件の愛は、子供にとって一生の支えになります。

Point of child care

お父さんの子育てポイント

甘やかすことと愛することは違う。
何があっても
子供を愛し続けてほしい。

思っているだけでは駄目。愛の上手な伝え方

愛は、具体的な形にしなければ子供には伝わりません。

「どうしてこんなに大切に思っているのに、子供はわかってくれないのか」とおっしゃる親御さんがいますが、まずは親御さん自身がきちんと愛を伝えられているかどうか、振り返ってみてください。おそらくうまく伝わっていないのではないでしょうか。愛情の表し方のいくつかをご紹介しましょう。

①スキンシップで愛を伝える

生まれたときから親がしっかりと抱っこをして育てた子供は、心が安定してすくすくと育ちます。抱っこのぬくもりや肌と肌が触れ合うあたたかさが、心の奥

深くまで届くのです。

『セカンドチャンス』というドキュメンタリー映画があります。この映画に登場する女児スーザンは、愛が満たされなければ子供は健康に育つことができない、ということを証明しています。

スーザンが病院に連れてこられたのは、1歳10か月のときでした。ところが、彼女の体重は5か月児と同程度、身長は10か月児並みしかありませんでした。ハイハイすることも片言の言葉を話すこともできず、誰かが近づくとおびえて尻込みをし、抱き上げると激しく泣き叫んで逃げようとさえしました。

そのような状態にもかかわらず、スーザンの両親は3週間経っても一度も面会に来ませんでした。ソーシャルワーカーが自宅に行って話を聞いてみると、両親は教養のある人たちでしたが、望まない妊娠だったためスーザンが生まれてからはほったらかしで、抱きもせず、授乳は哺乳瓶を口に押し込んで行うというありさまだったのです。その上、スーザンに向かって「生まれてこなければ良かったのに」「死ねばいい」といった言葉までぶつけていました。

医師は、スーザンの発育不全を「愛情不足によるもの」と判断しました。そしてボランティアの看護師を募り、つきっ切りでスーザンの世話をし、抱っこしたり、頬ずりしたり、あやしたり、「大好きだよ」「生まれてくれてありがとう」といった言葉をかけるように頼みました。

最初、スーザンは抱っこされることを嫌がり、顔を背けて泣いてばかりいましたが、しばらくすると笑顔を見せ始め、知らない人が近づいても怖がらなくなりました。身長は伸び、体重も増えて、一人で歩くことができるようになり、おもちゃにも興味を示すようになったのです。

アメリカ先住民族の育児の教えである「子育て四訓」に、「乳飲み子からは肌を離すな」とあります。これはとても参考になります。1歳まではできるだけ抱っこする時間をつくるといいでしょう。散歩のときなどもバギーに乗せたままにせず、ときどき抱っこしたり、おんぶしたりすることをおすすめします。

抱きぐせがつくことを心配する向きもありますが、十分に抱っこされた子供のほうが親の愛を実感し、安心して外の世界に出て行くことができるので、結果として自立が早くなります。逆に親の愛を確信できないと、いつまでも親の注目を集めようとするのです。

1歳を過ぎたら抱っこする機会が徐々に減るかもしれませんが、子供が抱っこをせがむときは、子供の気がすむまで抱っこしてください。少なくとも一日1回、8秒間くらいはギュッと抱きしめてあげるといいでしょう。お父さんなら肩車をするのもいいですね。

一緒に遊ぶ時間もスキンシップそのものです。「高い高い」をしたり、足にのせて「ヒコウキ〜」と飛ばしてあげたりすると喜びます。

爪を切ってあげたり、髪をとかしてあげたり、一緒にお風呂に入ったり、添い寝をしたりするなど、普段の生活でも肌を触れ合わせることを心がけてほしいと思います。

大きくなってくると、親がスキンシップを望んでも子供のほうが恥ずかしがるかもしれません。しかし親に愛されて嫌な子供はいません。密接な肌の触れ合いでなくても構いませんから、肩をポンと叩く、背中をなでる、一緒に喜ぶときにハイタッチをするなど、親のほうから子供に触れる機会をつくるといいでしょう。

②「生まれてきてくれて、ありがとう」

子供への最高の愛情表現は、「生まれてきてくれて、ありがとう」という言葉です。これは親が子供の存在をはっきりと肯定する言葉でしょう。親に肯定されると、子供は自分で自分を肯定できるようになり、周りの人々も受け入れることができるようになるのです。

日頃から繰り返し、「お父さんとお母さんの子供に生まれてきてくれて、ありがとう」と言ってあげてください。はっきりと伝えることで、子供は親の愛情を確信して心が満たされます。

③笑顔で見つめる

子供は親の表情をよく見ています。親が不機嫌そうにしていると、近づかないようにしたり話しかけないようにするなど、子供なりの配慮をします。怒った顔をしていれば、自分が何か悪いことをしたのかと心配します。親も人間ですからイライラすることがあるでしょうが、子供に不安な思いをさせるのは避けたいものです。

前にも触れましたが、人間の脳には情動を司る扁桃体《へんとうたい》という部位があります。扁桃体は相手の表情を認識する機能があり、恐怖や不快な表情、嫌悪するような表情を認識すると、活動が強まってストレス状態になります。一方、好ましい表情を認識すると扁桃体の活動は鎮まり、メンタル面も落ち着きます。親が笑顔でいることは、それだけで子供への愛情表現になり、子供の心を安定させるのです。最低でも一日3秒、子供を笑顔で見つめるように心がけましょう。思春期に入って対応が難しくなったときも、ニコッと笑顔で見つめるだけで、親子のコミュニケーションはうまくいくようになります。

④子供の話を聞く

「ねぇねぇ、お父さん！」と子供が話しかけてきたら、ぜひ耳を傾けてください。子供が話しかけてくるのは、だいたいにおいて親が忙しいときと相場が決まっていますが、何かをやりながら適当に受け流すのはよくありません。できれば手を休めて聞いてあげましょう。それができないのであれば、せめて顔を子供のほうに向けて、目を見て話を聞いてほしいのです。そっぽを向いて何かをやりながら、

「ふ～ん」としか言ってくれない相手では、真剣に話す気が失せるでしょう。それが積み重なると、子供は大事な話をしなくなってしまいます。

子供の話を聞くときのテクニックの一つに、「やまびこ話法」があります。子供が言った言葉をそのまま繰り返す方法です。

「お父さん、お花が咲いたよ」

「お花が咲いたの？　どこに咲いたの？」

「保育園の花壇」

「そう、保育園の花壇に咲いたの？　何色のお花？」

「黄色」

このような具合です。やまびこ話法を使うと、子供は「自分が言ったことをお父さんがそのまま受け入れてくれた」と思ってお父さんの愛情を感じ、心が安定するのです。

そして、ただ繰り返すのではなく、質問を一つつけ加えるのもポイントです。「それで？」と聞いただけでは、子供は次の言葉をなかなか発することができません。しかし質問をすると、子供はどんどん答えるようになります。そうすると語彙《ごい》が増え、表現力が身につき、思考力が育つのです。

小学校に上がると作文を書く機会がありますが、作文に慣れるまでは、親が同じ要領で手伝ってあげることをおすすめします。

わが家でも、当時小1の娘が作文の宿題に手こずっていたとき、私が「やまびこ話法＋質問」の要領で、「何を作ったの？」「誰と一緒に作ったの？」「やってみて大変だったと思うことはなかった？」と質問しているうちに、娘は静かになって一人で作文を書き始めたということがありました。最初は「何を書いていいかわからない。どう書けばいいの？」と悩んでいた娘でしたが、最後には「パパ、10枚書いたよ」と嬉しそうでした。

子供の横について、幼児教室のプリントや学校の宿題を見てあげるのもスキンシップの一つです。親がそばにいることで子供の心は満たされて、学習にも意欲的になっていきます。

Point of child care

お父さんの子育てポイント

お父さんの愛は
子供に伝わっていますか。
振り返ってみてください。

愛は感性を磨き、良い人間関係を築く

私は高校から親元を離れて寮生活を始めました。2年生のときに同室になったK君との出会いは、良いものではありませんでした。彼は同室になったその日から、勉強をしている私の後ろから近づいてきて、私のこめかみを銀玉鉄砲で撃ち、「勉強なんかさせないぞ！ ぼくと一緒におちこぼれになってもらう」と言ってゲラゲラ笑うのです。

当時の私は極端なほどの〝計画魔〟で、一日のスケジュールを細かく決めてその通りに実行することに喜びや安心を感じていました。ですから、勉強時間を邪魔されるのは嫌で仕方がなかったのです。それなのに彼ときたら、「今日からここに毎日、日替わりで誰かを遊びに連れてくるぞ。覚悟しとけよ」と宣言し、その通り、毎日友だちを連れてきて部屋でトランプなどをして遊ぶようになったのです。

困り果てた私は父に電話をかけ、事情を話して、「勉強が全然できないから、寮を出て一人暮らしをしたい。下宿探しを手伝ってほしい」と頼みました。

当然、了解してくれるものと思っていましたが、父の口からは予想外の返事が返ってきました。

「K君や同級生たちは、あなたと友だちになりたいんだろう。勉強は大事だけど、それと同じくらい友だちづくりも大事だとお父さんは思うよ。K君たちから離れて一人暮らしをし、スケジュール通り勉強をこなして成績が上がったとしても一緒に喜んでくれる友だちがいない、そんな人生はつまらないと思わないかい？」

結局、私はそのまま寮生活を続けました。たくさんの友だちができ、K君とは親友になりました。文化祭ではK君が監督、私が主演の映画を制作して上映し、好評を博しました。充実した高校生活は私にとって良い思い出で、当時の交友関係はいまも続いています。

仲の良い友人や気の合う仲間をもてるのは幸せなことです。とくに、一緒に遊

図表3　いじめの認知（発生）件数の推移

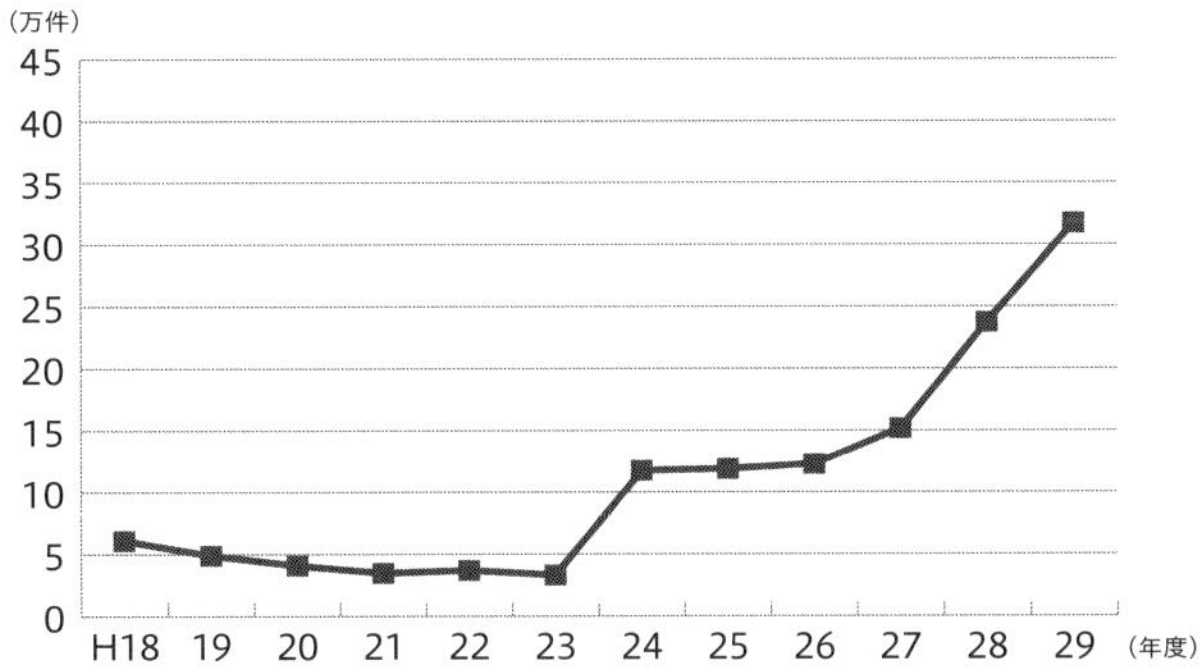

出典／文部科学省『平成29年度 児童生徒の問題行動・不登校等生徒指導上の諸課題に関する調査結果について』

んだり勉強したりした学校時代の友人とのつき合いは、年を取っても変わらずに続くことがあります。それは一生の宝にもなるでしょう。

近年はいじめが深刻化し、学校生活やクラスメートとの関係に苦しんでいる子供たちが少なからずいることを思うと、胸が痛くなります。

文部科学省は毎年、全国の国公私立小・中・高等学校を対象に児童生徒の問題行動や不登校などに関する調査を行っていますが、平成29年度の調査結果を見ると、小学校におけるいじめの発生件数はここ数年急増しています。

パソコンやスマホを使うのが一般的になったことで増えているのが、〝ネットいじめ〟や〝ＬＩＮＥいじめ〟といわれるものです。

匿名掲示板に特定の子供の悪口を書き込む、嫌がらせメールを送る、仲間でつくるグループトークから特定の子供を締め出す、特定の子供を除いたグループをつくってその子の悪口を言い合う、その子が嫌がるような写真や動画をグループメールに流すなど、方法は多岐にわたりしかも巧妙で陰湿です。いじめる子、いじめられる子が、さしたる理由もなく突然、入れ替わるのも最近の傾向といえます。

いじめの原因や理由を限定することはできませんが、愛されている実感をしっかりと持てずに育つ生育環境も、いじめをする原因の一つになります。愛情不足を感じると、その不満を自分より弱い存在にぶつけてしまうのです。弟妹が生まれると、上の子のいじめやいたずらが始まったりするのはその一例です。親の愛情が弟妹に移ってしまったと感じるのです。

十分な愛を実感して育つ子供は、自分も他者も愛される価値のあるかけがえのない存在であることを無意識に理解します。そうすると自分を大切にすると同時に、他者も愛し、敬い、大切に思う心が自然と育まれていきます。

人間は本質的に「愛されたい」「認められたい」「大切にされたい」という願望をもっています。それは他者も同じです。そういう他者の思いや願いを感じ取る能力が「感性」です。

感性というと、芸術家などクリエイティブな仕事をする人がもつ才能のようなものをイメージするかもしれません。もちろんそれも一つですが、本来は「ものごとを感じる力」であり、他者が何を感じているか、何を求めているか、何を考えているかなどを感じ取り、共感する力が感性なのです。そういう意味では、人間関係を結ぶ能力ということもできるでしょう。

感性は、親からの愛を受けることで育まれます。愛されていることを実感した子供は、周りの友だちを愛し、大切にすることを学んでいきます。だからこそ、親は子供をしっかりと愛することが不可欠なのです。

賢い子供になってほしいと願うのは親心です。学校の勉強に落ちこぼれないように、より良い学校に入れるようにと、教育熱心になる気持ちはよくわかります。しかし、小さい頃から学業成績一辺倒で育てられた子供は、他者を競争相手としか見ることができず、円満な人間関係を結ぶのが苦手になって、いじめをする可能性が高くなります。学力中心の考え方では、人として本当に大切な力——人間関係の源となる感性や個性——を伸ばすことはできません。

私の妹が中学生の頃、クラブ活動やお茶とお花の稽古などが重なって、勉強の時間がなかなか取れなくなりました。そこで彼女は父に、「お茶とお花のお稽古を休ませてほしい」と頼んだことがあります。そのとき父はこう言いました。

「学校の勉強はできなくても構わない。成績は下がってもいいよ。だけど、お茶とお花をしっかり学んで身につけたら、ものすごくあなたの役に立つ。だからお茶とお花は休まず、お稽古に行きなさい」

すべての人間が勉強ができなくてはいけないと思うと、親も子供も苦しくなる。勉強ができなくても、世の中で成功している人はたくさんいる。それなら勉強だけでなく、人生をいかに生きるかを教えればいい。友だちに対するやさしい心をもっている子供なら、その個性を伸ばしてあげればいい——というのが父の考えでした。私に寮生活を続けるように言ったのも、父にそういう考えがあったからです。

豊かな人間関係は安らぎになり、心を癒し、人生を豊かにしてくれます。それが幸せにつながります。

子供が豊かで幸せな人生を歩んでいけるように、親は子供にたっぷりと愛情を注ぐことが欠かせません。

Point of child care

お父さんの子育てポイント

愛をいっぱいもらった子供は豊かな人間関係を築き、幸せな人生を歩んでいく。

「思い出アルバム」を作って愛の証を残す

私が子供の頃は、写真を撮ると現像してアルバムに貼っておくのが普通でした。写真の近くには、父や母の文字で日付や場所、ちょっとしたコメントなどが書かれていたりしました。

最近は、スマホやタブレットPCで高画質の写真が手軽に撮影でき、そのままデバイスに保存することができるので便利です。が、その反面、アルバムを作る機会がほとんどなくなって、いささか残念に感じています。アルバムは子供の成長の記録であると同時に、家族の思い出でもあるからです。

子供が難しい時期に入って親とのコミュニケーションが取りづらくなったとき、アルバムがあれば、一気にタイムトリップができます。幼い自分の笑顔、若くて溌剌《はつらつ》としたお父さんとお母さん、お父さんに肩車されているところ……。そうした家族の様子を写真のなかに見つけると、たとえ記憶に残っていなくても、子供は自分が愛情いっぱいに育てられていたことや、大事にされていたことを実感することができます。

心が渇いていたり何かしら悩みごとを抱えていても、アルバムを見ることで癒され、再び愛に満たされて、生きる力をもらえるはずです。「よし、頑張ろう」と励まされもするでしょう。

子供が大きくなると親がしてやれることは段々と少なくなってきますが、アルバムが親の代わりに子育てをしてくれる場合も少なくないのです。

写真が親のスマホやタブレットに入ったままでは、子供が自由に閲覧することができません。しかし、アルバムにしてあれば、親がわざわざ見せなくても子供が自分でどこかから探し出してきて、一人で見ることもできます。そこにはサプライズ的な楽しさもあるでしょう。

運動会や発表会、遠足や家族旅行などの写真はもちろん、日常的なスナップなどもプリントして、アルバムを作ることをおすすめします。

写真選びから子供と一緒にやり、ショッピングセンターなどのプリントコーナーに一緒に行ってプリントアウトし、写真が出来上がったら一緒にアルバム作りをしましょう。

日付や撮影場所などの記録ももちろん入れておきたいですね。ひと手間かけて、コメントも書いてみてください。難しく考える必要はありません。「大好物のアイスをほおばる」「お気に入りのクマのぬいぐるみと」といった簡単なもので構いません。たとえおかしな文章でも、それ自体が味になります。10年後、20年後に見返して、「お父さんのコメント、なんか変だよね」「ウケ狙いだよ」、なんていう会話がお父さんと子供の間で交わされるのもいいものです。

子育ては思い出づくりです。子供に愛情をたっぷり注いで大切に育てた日々を思い出として、記録に残しておきましょう。それが、いつの日にか思わぬところで活躍してくれると思います。

Point of child care

お父さんの子育てポイント

**難しい年頃になって
親子の会話が減っても、
アルバムが親の愛を伝えてくれる。**

読み聞かせは、愛を伝える具体的な方法

子育てのなかで私がもっとも熱心に取り組んだのが、読み聞かせです。

仕事が忙しい時期には、夜8時頃にいったん家に戻って家族で夕食を食べ、子供たちに読み聞かせをして寝かせてから、10時頃に社に戻り、仕事をし、夜中の2時頃に帰宅するといった生活をしていた時期もあります。それが苦にならなかったのは、子供への読み聞かせが私にとって至福の時間だったからです。

読み聞かせの目的は、子供に知恵や知識をつけることではありません。もちろん、文字を覚えたり語彙《ごい》を増やしたりする助けにはなりますが、それは副次的な効果にすぎません。

読み聞かせの意義は、親と子が一冊の本の世界を共有して、親密な時間を過ご

すことにあります。親から子へ愛情を伝える具体的な方法なのです。

わが家では、1歳頃から絵本の読み聞かせを始めました。その頃はまだ内容を理解することはできませんが、愛を伝えるのが目的ですから、子供に寄り添い、語りかけるように読むことを心がけていました。

少し大きくなって内容が理解できるようになると、真剣に聞き入ったり、笑ったり、驚いたり、しっかりした反応が見られるようになります。私が帰宅するのを待っていて、「今日はこの本を読んで！」と、お気に入りの本を持って飛んできたりもしました。

長男が保育園児だったとき、わがままを言ったので叱ったことがありました。そのあとしばらくシュンとして元気がありませんでしたが、寝る時間がきて私が「さぁ、今日はどの本を読もうか」と声をかけた途端、パッと顔が明るくなり、何冊か絵本を読んだあとには穏やかな表情で眠りにつきました。

読み聞かせがなければ、もやもやした気持ちのまま寝ることになっていたかもしれません。子供は口にこそ出しませんが、読み聞かせを通して親の愛が自分に注がれていることを強く感じ、幸せを実感しているのだと思います。

私自身も、子供の頃に両親が絵本を読んでくれたことを覚えています。その光景を思い出すと、いまでも心があたたかくなります。子供の頃に見ていたアニメのテーマソングや青春時代に口ずさんでいた歌を聞くと、当時の思い出が鮮明によみがえってきますが、絵本や児童書も同じです。

子供の頃にお父さんやお母さんに繰り返し読んでもらった本のことは、記憶にしっかりと刻まれます。大人になってそれを思い出したとき、親の深い愛情や、親に守られて育っていた安心感や幸福感を再確認することができるのです。読み聞かせには、このように純粋な愛情にあふれた親子の絆を育む力があるのです。

読み聞かせは、寝る前にするのがおすすめです。親の愛情を実感してから眠りにつくと、朝まで一度も起きずに熟睡することができますし、潜在意識に親の愛が刻まれて、メンタル面が安定してきます。

読み聞かせをする時間の目安は約15分です。絵本なら3冊は読めると思います。ただし子供が3人以上になると、一人3冊読むのは少々無理がありますし、年齢が上がると本の内容も難しくなります。その場合は一人約5~10分、または、ページ数にして約20ページを目安にするといいでしょう。

わが家の子供たちはしばしば、「もう1冊」「もっと読んで」とねだることがありましたが、最初に決めた分を読んだら「また明日ね」と言って終わりにし、決めごとは守らせるように心がけました。どのような場合にも子供にルールを守らせること、親もルールを守ることが、しつけのためには肝心です。

さて、どのような本をいつ頃まで読んであげるかですが、小学校に上がるまでは絵本を。そして、小学校に上がったら児童書も少しずつ読むようにします。1年生の終わり頃からは児童書を中心にして、少なくとも2年生の終わりまで、理想としては4年生が終わるまで、読み聞かせを続けることをおすすめします。

字が読めるようになれば一人で本を読むことはできますが、読み聞かせは親子の触れ合いが目的ですから、字が読めるようになってもぜひ続けてください。

また、絵本は絵で楽しむもの、児童書はストーリーを楽しむものという違いがあるので、親が児童書を読んであげることにも大いに意味があります。

自分で文字を読むことに苦戦していると、ストーリーを楽しむ前に文字も本も嫌いになってしまうことがあります。しかし、親が読み聞かせをすれば、子供はストーリーに集中することができ、話の展開のおもしろさを知って〝本好き〟になることができます。

私の父は、年間600冊近くの本を読むほどの読書家でした。単なる本好きというのではなく、『英才教育の理論と実際』を読んで幼児教育を一生の仕事にしようと決心したり、結核にかかって余命宣告を受けたときには、本から得た知識をもとに自分なりの健康法を見つけて病気を克服するなど、人生を決定づけるような本との出合いを何度もしていました。そのため常々、「本好きのおかげで充実した人生を過ごすことができた」と言っていたものです。

本には、その著者が学んだ知識や体験から得た知見、長い間研究した成果などが詰まっており、本を読むことでそれらを自分のものにできるすばらしさがあります。子供も本を通していろいろな世界を知り、いろいろな知恵を身につけることができます。

しつけに悩んでいるお父さんも少なくないと思いますが、たとえばイソップ童話などは教訓がふんだんに盛り込まれているので、子供は読書を通じて道徳や倫理、礼儀や作法も少しずつ学んでいったりするのです。また、大きくなって自立したら、独力で自分の道を切り開いていかなければいけません。悩んだり困ったりしたとき、本が道しるべになってくれることも少なくありません。

ですから、ある程度の年齢まで児童書の読み聞かせを続けて、ぜひ子供を本好きに育ててください。私の父は「子供を本好きに育てることができたら、親の仕事の半分は終わったと言っていい。それくらい価値がある」とさえ言っていました。

Point of child care

お父さんの子育てポイント

読み聞かせは少なくとも小学2年生まで。子供を本好きに育てることができたら、親の役目の半分は終わったようなもの。

chapter 05

子供の「才能」を育てる

子供はみんな〝天才〟。だからこそ適切な環境づくりを

20世紀の著名な教育学者に、シカゴ大学のベンジャミン・S・ブルームという人がいます。彼が構築したブルーム理論が日本に紹介されたのは、1970年代初頭のことです。当時の日本は、詰め込み教育の弊害による落ちこぼれ問題が深刻化し始めていました。そのようななかで、科学的でシステマティックなカリキュラム構成を提唱するブルーム理論は注目を浴び、のちの日本の教育制度に多大な影響を与えました。

そのブルーム教授が、半世紀にわたり1千件以上もの乳幼児教育に関する研究を行い、次のように述べています。

「子供は幼ければ幼いほど環境から受ける影響が強く、知能レベル、性格ともに、

大きく変化を受ける。よって、子供の環境に、どのような刺激を与えるかが、子供の知能を伸ばすのに大きな影響をもつ」

また医師であり教育家でもあったマリア・モンテッソーリは、0〜6歳の乳幼児期の子供の脳には、環境からものを学び取る「敏感性」と呼ばれる高度な働きがあると説きました。そして成長段階には、言語、数、運動、感覚、秩序などの能力に関して敏感性が働く「敏感期」という時期があり、敏感期には環境のなかから自分自身で成長に必要な事柄を選び出し、熱心にそれに取り組み、難なくその能力を身につけていくと述べています。

その他さまざまな生物学的研究からも、誕生直後から乳幼児期は教育の重要な時期であることがわかっています。

早期教育については異論が唱えられることもあります。おもな理由は、「幼児期に知識の詰め込みをすると、かえって脳の発達を妨げる」ということのようです。私もそれには同感です。

私たち七田式が長年提唱し、実践してきた早期教育は、知識の詰め込みではありません。脳、とくに右脳が柔軟な幼児期に適切なインプットを行い、子供が本来もっている力を引き出せるよう、脳の土台づくりをしていくことです。

豊かな花実をつける種も、不毛な土地にまいては芽が出ません。必要な時期に適度な水や肥料を与えなければ育ちません。その時期や量を誤れば、枯れてしまうこともあります。七田式教育は、子供の内に肥沃《ひよく》な土壌をつくり、適切な水や肥料を与え、本来備わっている才能を開花させるものです。

しかしそれも、親から子供への無条件の愛情なしには叶いません。

あるご家庭の例を紹介しましょう。

親御さんは子供が1歳のときから英語のDVDを見せ、英語に親しませました。2歳になると英語教室と幼児教室に通わせ、家ではお母さんが文字と数字を教え、親子一緒に教室の宿題にも取り組みました。3歳からはピアノ教室とスイミングスクールにも通わせ始めました。幼稚園では「よくできた賢い子」と評判でした。

ところが、次第に子供が「おなかが痛い」「頭が痛い」と訴えるようになり、朝になっても起きられない日が増えてきました。起きてもごろごろしてだるそうにしていることが多くなり、そのうち幼稚園にも行けなくなってしまったそうです。

これは教育熱心な親御さんにありがちな例です。子供に知識や技能をつけさせることに一生懸命になるあまり、子育てでもっとも重要なことをいつの間にか忘れてしまうのです。

子育てで重要なのは、愛です。子育ての目標は、子供を幸せにすることです。子供が幸せな人生を歩めるように、しつけをし、ものを教えるのです。子供への愛と子供の幸せが、何よりも優先されなければいけません。

それを忘れて「これはノルマだからやりなさい」とガミガミ言い、無理やりやらせては、子供の脳が拒絶してしまいます。また、親が支配的・強制的な態度で接していると、子供は親を信頼することができません。心を閉ざして、はねつけてしまいます。そういうときは何かを身につけようとしても、できないのです。

愛情をしっかりと伝えながら育てれば、子供はワクワクしながら学び、学んだことをどんどん吸収します。そして豊かな花を咲かせます。

子供は、天からすばらしい脳力を授かっています。つまり子供はみんな〝天才〟

なのです。もって生まれたその能力を存分に使えるよう、適切な環境を提供すること。それが真の子育てであり、親の務めです。

この章では、知能を育てるためにどのような環境づくりをすればいいのか、についていて紹介していきましょう。

Point of child care

お父さんの子育てポイント

どのような環境のなかで幼児期を過ごすかで知能レベルは違ってくる。

乳児期からの言葉かけで「考える力」を育てる

「これからは一人ひとりが自分の考えをもち、自分の考えを発表する力が求められる時代です。新しい『個』の時代に備えて、頭をつくらなければいけません」七田式教育の創始者である父は、いまのようにSNSが普及する15年以上も前からこう述べていました。その言葉通り、現代は自分の考えを発信することが欠かせない時代になっています。

ご存じのように、2020年には小学校の学習指導要領の改訂が行われます。今回の改訂では、変化のスピードが速い社会のなかにあっても、子供たちそれぞれが思い描く幸せを実現していけるように、自ら課題を見つけ、自ら学び、自ら考え、自ら創造し、自ら判断して行動する力を身につけることが目標として掲げられています。

学び方も大きく変わりつつあります。「アクティブ・ラーニング」という言葉を聞いたことがある方も多いでしょう。

私や皆さんが学んでいた頃は、先生が生徒に一方的に講義をする授業形式が一般的でしたが、アクティブ・ラーニングは、発見学習、問題解決学習、体験学習、調査学習などを通して、生徒が積極的・能動的に学んでいく学びの形です。

グループディスカッション、ディベート、グループワーク、フィールドワークなどがその具体的な方法として実践されます。変化が大きく不透明な時代を生き抜いていく力を子供たちが身につけられるように、文科省ではアクティブ・ラーニングの視点を取り入れた授業への転換を進めているのです。

「考える力」は、子供たちがこれからの人生を歩むために不可欠な力です。ただし、これは学校に入ってから身につければいいのではなく、それ以前の幼児期から少しずつ育んでいくことが必要です。

なぜなら、考える力の土台は「言葉」であり、言語能力は自然と獲得できるのではなく、乳児期からの豊富な言葉かけが必要だからです。たくさんの言葉を聞いて育った子供ほど高い言語能力が身につくことが、実験からもわかっています。また、考える力は3歳頃から発達していきます。ですから、早いうちに取り組みをスタートすることが必要になるのです。

言葉かけは、生まれたらすぐに始めましょう。赤ちゃんが目覚めているときは絶えず言葉をかけ、たくさんの言葉に触れるようにして育ててください。そうすると赤ちゃんは豊かな言葉を獲得し、精神発達が進みます。

言葉かけが少ないと何が問題になるかといえば、聴覚の発達が遅れるという点です。その結果、言語処理能力が向上しにくくなるのです。アメリカで行われた実験ですが、一般的には「ba(バ)」と「da(ダ)」を0・5秒で聞き取ることができるのに対して、聴覚の発達が遅れている子供のなかには18秒もかかる子もおり、話し言葉がよく聞き取れないために、文法の理解や読み方など言葉に関するさまざまな能力に支障が現われてくるという結果が出ています。

言葉に触れる機会を増やすといっても、テレビやパソコンの前に子供を置きっぱなしにして、アニメや子供番組を流しておくのはやめてください。子供の脳は親からの言葉かけによって発達し、同時に心も豊かに育ちます。テレビやパソコンは情報が一方通行ですから、脳や心の発達をかえって阻害してしまいます。

赤ちゃんへの言葉かけとしておすすめしたいのが、「家具めぐり」です。生後1か月からできるので、ぜひ実践してください。

家具めぐりは、赤ちゃんを抱っこして家のなかを歩きながら、タンスを指さして「これはタンスだよ」。テーブルを指さして「これはテーブルだよ」。台所に行ったらフライパンを指さして「これはフライパンだよ」……、という具合に言って聞かせる方法です。赤ちゃんは身の周りにある一つひとつの単語を耳から拾って覚えていく面があるので、家のなかのものを一つずつ、何度も繰り返して言って聞かせることがとても有効なのです。

その一方で、赤ちゃんは他のどの時期にも増して受容能力が大きいので、複雑な言葉かけを取り入れることもおすすめします。

たとえば時計を指さして、「これは時計だよ。1から12までの数字が書いてあるね」。外に散歩に出たときは、「これはチューリップだよ。赤い色がきれいだね」、「あれは電線だよ。小鳥が止まっているね。あれはスズメというんだよ。1羽、

2羽、3羽って数えるんだよ」というふうに、さまざまな言葉かけができると思います。

生後1か月半くらいからは、美しい詩を読んであげたり、2～3か月頃からは絵本の読み聞かせを日課にしてくださるとよいでしょう。読み聞かせについては172ページ～でも紹介しています。

3歳を過ぎると急に語彙が増えて、難しい言葉も話すようになってきます。じつは、思考力はこの3歳前後から発達期に入るのです。そして4歳児の段階で、思考に関係する脳の前頭葉が急速に成熟に向かうといわれています。ですから、この時期に考える機会を増やしてあげると、高い思考力が身につき、創造力も豊かになります。

それには何よりも、家庭のなかに豊かな言語環境をつくることを心がけてください。幼児教室に通ったり、言葉のドリルをさせたりするのも選択肢の一つですが、家庭環境が良くなければ主客転倒です。

家で親が子供の話し相手になってあげることは、とても大事です。子供の話にしっかりと耳を傾け、「今日は公園で何をしたの？」「お祭りに行って、何がいちばん楽しかった？」などと質問をしながら、その日にあったことを引き出してあげると良いでしょう。教育するという意識ではなく、親子で会話を楽しむ雰囲気をつくるようにするとすばらしいですね。

2〜3歳頃になると、子供は「なんで？ どうして？」としきりに質問してきます。この時期の子供は知的好奇心がとても旺盛なのです。いい加減に聞き流したりせず、誠実に答えてあげてください。

答えがわからないときは、正直に「お父さんもわからない」と言うことも大事です。そしてそのままにしないで、「ご飯を食べ終わったら、一緒に調べてみよう」「今度の日曜日に、一緒に図書館に行って調べてみよう」と、親子で楽しく取り組む機会へとつなげてみてください。

トーマス・エジソンは小学生のときに先生を質問攻めにし、先生から「問題児」「落ちこぼれ」のレッテルを貼られましたが、息子の潜在能力と才能を信じていた母のナンシーが、家で勉強を教えるようになったという話は有名です。ナンシーは、エジソンが興味をもったことに好きなだけ打ち込める環境をつくりました。

そのおかげで彼は歴史に名を残し、文明をめざましく発展させた発明王が誕生することになったわけです。

さて、絵本の読み聞かせも日課として続けてください。子供の気に入った本があれば、繰り返し読んであげることも大切です。何度も読んでいるうちに、子供は文章を暗唱するようになります。物語の暗唱は思考力の向上に有効です。

字が読めるようになったら、一人で本を読む機会もつくってあげましょう。一人で本をたくさん読む子供は、豊かな言い回しをたくさん覚え、語彙《ごい》も驚くほど増えてきます。

お父さんにぜひお願いしたいのは、世界のニュースや時事ネタなどを、家での会話に織り込むようにしてほしいということです。専門的な内容である必要はありません。新聞やテレビのトップニュース程度で結構です。お父さん自身の仕事に関する話題もいいですね。社会とつながっているお父さんがそうした話をすることで、子供の目は社会へと向き、世界がぐっと広がっていきます。

以上のような働きかけをすると、3歳、4歳、5歳といった年齢の子供の脳は

図表4　こんなことも家庭で実践しよう

- □ かるたやトランプで一緒に遊ぶ
- □ 親子で散歩に出かける
- □ 折り紙で一緒に遊ぶ
- □ 積み木や粘土、パズル遊びを一緒にする
- □ 子供にいろいろなことを体験させる
- □ 家事の手伝いをさせる
- □ 物語を読み通させる

非常に活発に働き、思考力や理解力がぐんぐん発達します。

では、6歳を過ぎたら手遅れかといえば、そんなことはありません。6歳で脳の80％が出来上がり、残りの20％は20歳頃までかけてゆっくりと完成するともいわれています。子供の脳は常に発達していくのです。

ただし、乳幼児期に見られたようなめざましい発達は期待しにくいでしょう。教育に関する働きかけは0歳に近いほど効果が高く、遠ざかるほど可能性が逓減《ていげん》していくからです。これが「才能逓減の法則」です。

しかし、諦めることなく、「この子は天才だ」と親が心から信じ、愛情を込めて子供に接するようにすれば、潜在能力への働

きかけができ、本来備わっているすばらしい能力を引き出すことができます。
子育てでいちばん大切なのは愛情です。愛情があれば、子供は何歳になっても伸びていきます。

Point of child care

お父さんの子育てポイント

会話のたくさんある家庭にしよう。豊かな言葉かけをすることで子供の思考力は発達する。

記憶力を養う働きかけで「創造する力」を育てる

これからの社会は、ますます変化に富んだものとなっていくでしょう。予測できない変化に対しては、与えられた課題や問題に正確に取り組む力だけでは対応することができません。自ら課題を見つけ出し、既存の枠にとらわれずに柔軟に発想し、新しい価値を生み出していく「創造力」が不可欠です。

創造力とは、新たなものをつくり出す思考力のことです。

この力は、右脳から生み出されます。右脳は、無意識のなかに蓄えられたあらゆる情報をもとに、枠にとらわれることなく拡散的に思考を広げます。そして、そのなかから一見関わりのない事柄同士の関係性を見つけ、ひらめきによって新しい結びつきを生み出すのです。

では、創造する力を育てるにはどうすればいいのでしょうか。

まずは記憶力を身につけることです。

記憶に偏ると自由な発想が妨げられる、という意見もあるようですが、それは誤解です。なぜなら、頭のなかに蓄えられたさまざまな情報やすぐれた知識の新しい組み合わせが、創造性や発見・発明になるからです。創造力のもとは記憶力なのです。

童謡『ちいさい秋みつけた』や『うれしいひなまつり』、数々の歌謡曲の作詞をはじめ、小説、随筆なども手がけて多才ぶりを発揮したサトウハチロー氏は、「なぜ良い歌をつくることができるのか」と質問され、次のように答えています。

「たくさんの詩を知っているからです。暗唱できる詩なら、5000作はあるでしょう。構成を知っている詩だったら、5万くらいあるでしょう。それらがみんな頭のなかに入っているから、その一つひとつのパターンが、詩をつくるときに支えになって良い詩が書けるのです。それがないと良い詩は書けません」

創造や思考は、何もないところからは生まれません。基礎となる情報や知識をたくさん蓄えている人ほど、創造の可能性は高くなるのです。

記憶力を養う方法については次項で詳しく紹介していますので、そちらを参照していただくとして、ここでは、幼児期の子供にどのような情報や知識をインプットするのが望ましいか、についてお話ししましょう。

古典の名句、すぐれた詩などは、最適なインプット対象です。数百年経っても色あせずにすばらしさが認められている秀作は、覚える価値があるのです。美しい絵画や彫刻を見せる、クラシックなどの名曲を聴かせる、そしてそれらについて話して聞かせる、といったこともぜひ実践してください。いずれも生後1か月半頃から始めるといいでしょう。

赤ちゃんは、周りで話される言葉や周りにある環境のすべてを、潜在意識で取り込みます。自分ではまったく理解できない言葉でも、音としてしっかり記憶し、やがて成長して言葉がわかるようになると、赤ちゃん時代に取り込んだ言葉を理解してそれを自分の行動や才能の源泉にします。

このようにすばらしい受容能力、学習能力をもっているのですから、赤ちゃんのときにすぐれた働きかけをしてあげることが必要なのです。

「園・館・場」――つまり動物園や植物園、図書館や博物館、劇場や運動場などいろいろなところに連れて行き、さまざまな体験をさせることも、子供の可能性を伸ばすために大切なことです。

その際に、ちょっとした工夫をすると知識を深めることができます。たとえば、動物園に行くとしたら、数日前に子供と一緒に動物図鑑を開いて見て、めずらしい動物、ふしぎな動物、おもしろい動物などを探しておきます。そして動物園に行って、その実物を確かめてみるのです。こうすると体験がより楽しいものになりますし、実物を見たときの感動も大きくなり、探求心も培われていきます。

忙しくて子供と一緒に出かける時間がなかなか取れないときは、絵本を利用するのも一つの手です。毎晩、3冊の本を読み聞かせするとしたら、2冊は子供が好きな本を選ばせ、もう1冊は、子供の興味や関心を深めたいと思う分野の本をお父さんが選ぶのです。

そうすると、プラネタリウムに連れて行く時間が取れなくても、絵本を通して星座に触れることができます。博物館に行けなくても、恐竜について知ることができます。もちろん実際の体験に勝るものはないので、時間に余裕ができたら、子供と一緒にプラネタリウムや博物館に行くといいですね。

伝統芸能の世界には、「修（守）・破・離」という教えがあります。「修（守）」は、型を真似して基本を身につける。「破」は、良い型を完全に記憶し自分のものにしたら、次は型を少しずつ破りながら自分なりの形に変えていく。「離」は、型から離れて新しい創造をし、自分独自のものを確立する。

伝統芸能だけでなく、これはすべての分野に共通する考え方ではないでしょうか。何もないところに発展も創造もありません。赤ちゃんの頃からすぐれた働きかけをしていくことが、創造性を育む秘訣です。

Point of child care

お父さんの子育てポイント

赤ちゃんの頃からのさまざまなインプットが、創造力の源泉になる。

思考力や創造力のもとになる「記憶する力」を育てる

アメリカの脳科学者、ジル・ボルト・テイラー教授は、37歳のときに突然の脳出血を体験しました。その貴重な体験を通して、右脳と左脳の働きや、左脳が使えず右脳を中心に考えたり行動したりするときにどのようなことが起きるのか、どのような感覚を味わうのかなどを、わかりやすく、そして感動的な言葉で私たちに教えてくれました。その内容は、彼女の著書『奇跡の脳』（竹内薫訳／新潮社）や、各界で活躍する人々の考えや体験を紹介するインターネット動画サイト「TED」で知ることができます。興味のある方はぜひご覧ください。

さて、彼女は左脳のかなりの部分が出血で麻痺したとき、テレビのリモコンの一時停止ボタンを押したかのような完全な静寂を体験しました。その静寂に戸惑いながら、すぐに自分自身の身体と周りのすべてのエネルギーとが一体となったような、巨大で解放的な感覚を味わいました。その感覚は平和に満ちて非常に幸福なものだったといいます。

そして彼女は、右脳の働きを次のように語っています。

「右脳は映像で考え、自分の体の動きから運動感覚で学ぶ。情報はエネルギーの形をとってすべての感覚システムから同時に一気に流れ込み、現在のこの瞬間がどのように見え、どのように聞こえ、どのように匂い、どのような味がして、どんな感触がするのか、それが巨大なコラージュによって現れる。このように処理される情報によって、私たちはその瞬間の周囲の空間を把握し、その空間との関係を築く」

つまり右脳は、瞬間瞬間を五感や感情とともに一枚の絵や写真のように映像としてとらえ、記憶するのです。

わが家の子供たちが小さい頃、よく一緒にトランプの神経衰弱をして遊びましたが、彼らは考えたり思い出そうとするふうもなく、「このあたりかな」という感じでカードをめくって、当ててしまいました。あれはトランプが並んでいる様子を一枚の写真のように記憶していたからです。

一方の私は、「右端から5、7、3で、その下が2で……」と理屈で覚えようとし、結局覚え切れなくて四苦八苦したものです。テイラー教授による次のような説明によって私の脳のなかで起きていることがわかり、納得しました。

「左脳は直線的、系統的に考える。現在を表す巨大なコラージュから詳細を拾い出し、その詳細のなかからさらに詳細についての詳細を拾い出す。そしてそれらを分類し、すべての情報を整理し、これまで覚えてきた過去のすべてとを結びつけて、将来のすべての可能性へと投影する」

このように右脳と左脳は、まったく異なった働きをしています。そして子供と大人では、脳の使い方が明らかに違っています。子供の知能を育てるときには、このことをよく理解しておくとよいでしょう。

乳幼児期は左脳があまり働かず、右脳の働きが非常に優位です。その時期に記憶のトレーニングをしておくと、記憶に向いた脳が出来上がります。ただし乳幼児期の記憶のトレーニングは、知識を覚えさせるのが目的ではありません。記憶するのが得意な脳をつくるのです。

学校に上がってからも大人になってからも、覚えるべきことはたくさんあります。「今後は、記憶力よりも思考力や創造力が重要視される社会になる」とされており、まさにその通りなのですが、考えるにしても創造するにしても、そのもとになる知識が蓄えられていなければ何もできません。

また、大きくなって「弁護士になりたい」と思ったとき、記憶力に長けた脳をもっていれば法律や判例を覚えるのも苦になりません。他の人たちが判例を暗記している時間に、他の勉強をすることもできるでしょう。将来、夢を叶えたいと思ったときに、幼児期のトレーニングが助けになるときが必ず訪れるはずです。


記憶力を養うのに適した簡単な方法がいくつかあります。

たとえば、トランプを7枚、数字が見えるほうを上にして並べます。そして「数字を覚えて」と言って、5秒間、記憶させます。そのあと、カードを裏返して数字を当てていくのです。

最初のうちは、数字だけ当てるようにします。少し慣れてきたら色と数字を。

もっと慣れてきたらマークと数字を当てる、といった具合にレベルアップしていくと、深い記憶が求められて右脳の活性につながります。ゲーム性も増して楽しくなるでしょう。

乗り物が好きな子供なら、電車の路線図を5秒間見て、駅名をどれだけ覚えられるかというゲームもおすすめです。ぜひ親子で競争してみてください。

私が子供時代によくやったのは、百人一首の暗唱です。

記憶力をつけるために暗唱するのはあまり楽しくありませんが、百人一首には手札の早取りを競う「競技かるた」というものがあります。競技かるたの世界を描いた『ちはやふる』という漫画が話題になったので、ご存じの方もいるかもしれません。

私が生まれ育った島根県は、三十六歌仙の一人、柿本人麻呂《かきのもとのひとまろ》のゆかりの地であることから百人一首のかるた取りが盛んで、「競技かるた」の大会が各地で開かれています。父は百人一首のかるたが大変得意だったので、私たちきょうだいも小さい頃から手ほどきを受けました。私は父から必勝法を授けてもらい、地元の大会の小中学生の部で優勝。高校1年生のときは校内の大会で優勝した経験があり、競技かるたの有段者なのです。

それはさておき。競技かるたは、上の句が読み上げられたら、目の前に並んだ下の句の札のなかから、それに対応する札を取るのが基本のルールです。

競技かるたに勝つには、ちょっとしたコツがあります。

上の句の最初の何音節かを聞けば、下の句を特定することができます。たとえば、最初の1文字が「め」で始まる歌は、紫式部の「めぐり逢ひて　見しやそれとも　わかぬ間に　雲がくれにし　夜半の月かな」の1首しかありません。ですから、「め」という音を聞いたらすぐに、この札を探すことができるわけです。

この「め」以外に、最初の1文字で下の句が特定できる歌は6首あります。また、最初の2文字で下の句が特定できる歌は、42首あります。ですから、まずは1文字で特定できる7首を覚えるのです。それだけでも、初心者相手ならおもしろいほど札を取ることができます。2文字で特定できる42首を覚えたら、もはや〝神〟の領域です。圧勝は間違いありません。

私が子供の頃はよく家族で百人一首のかるたをして遊びましたし、お正月には親戚や友人の家でやったりもしました。皆さんも家族で百人一首の暗唱に取り組み、家族大会を開いて腕試しをしてはどうでしょうか。大人よりも脳が柔軟な子供のほうが、案外たくさん覚えられるものです。ゲームに勝てば、子供はさらに意欲が出るでしょう。

歌の意味は理解できなくて構いません。しかし、幼児期に覚えたことは右脳にしっかりと刻み込まれて、忘れにくい記憶となって残ります。

父はある著書に次のように記しています。

「意味もわからずに頭のなかに叩き込んだ言葉の群れは、深層意識のなかで漢文脈を作り、文章を書くときに格調のある文章になって出てくる。書くものが全然違ってくる。潜在意識へのインプットが、後年その人の高い資質になって出てくるのである」

記憶のトレーニングのためだけなら、アニメのキャラクターや怪獣の名前をたくさん覚えればいいわけですが、それだと将来あまり役に立ちそうにありません。せっかくなら百人一首などの古典や文学作品の有名な一節を覚えるほうが、素養や教養になると思います。

Point of child care

お父さんの子育てポイント

乳幼児の時に大切なのは、
知識の詰め込みではなく
記憶が得意な脳をつくること。

「やまびこ話法」でスムーズにやる気を引き出す

ヤッホーと言うと、ヤッホーと返ってくる。158ページでも触れた通り、やまびこのように相手の言葉をそのまま返す「やまびこ話法」という会話の仕方が、子育てのいろいろな場面で効果を発揮します。ぜひ覚えておいてください。

たとえば、子供が「今日はお稽古したくない」と言ったとします。

そういうときは「そうか、今日はお稽古したくないか」と、子供の言葉をそのまま繰り返します。そしてそのあとに、「じゃあ、何がしたい?」と質問を一つつけ加えます。これがやまびこ話法のコツです。

子供の言葉を繰り返すことで、「パパは私のことを受け入れてくれている」と子供が愛情を感じることができます。そして質問を一つ加えることで子供自身に考えさせ、考えたことを表現させ、思考力や表現力を養っていくことができるのです。

さて、子供が「遊びたい！」と答えたとします。お父さんはまた、やまびこ話法で相手をしていきます。

お父さん「そうか、遊びたいのか。何をして遊びたいの？」
子供「ぬいぐるみで遊ぶ」
お父さん「そうか、ぬいぐるみで遊ぶのか。どうやって遊ぶの？」
子供「このクマのぬいぐるみがパパ、このパンダがママ、それでこのキリンが私ね」

子供は子供なりに、遊びのルールやストーリーを考えたりしているものです。子供がそれを説明してくれたら、同じように繰り返してから、「おもしろいね。じゃあそれで一緒に遊ぼう」と、子供の言ったことを受け入れてあげるのです。

カードゲームやボードゲームなども、子供はオリジナルのルールを考えていることがあります。それを説明してくれたら、「説明するのが上手だね」「おもしろいルールを考えたね。すごいね」と、ほめてあげるといいでしょう。

こうして一緒に遊んだり好きなように遊ばせてから、頃合いを見計らって「どう？ 気がすむまで遊んだ？」と聞くと、案外素直にお稽古に取り組み始めるものです。

お稽古したくない、勉強したくないと言っている子供に、「ちゃんとしないと駄目でしょ」と言うのは逆効果です。否定的な言葉をかければ、否定の反応しか返ってきません。「お稽古しなさい」「勉強しなさい」といった命令口調もいけません。素直な子供でも、支配されたように感じて、思わず反抗したくなります。

やまびこ話法は、子供を受け入れていることを示し、思考力や表現力を養うのに最適な方法なのです。

私が小学4年生の頃、わが家では月1回、「家族会議」なるものが開かれるようになりました。会議の議長は、私、1年生の妹、保育園児の弟の持ち回りで、議題も子供たちが自分で考えることになっていました。

あるとき、家族旅行をしようという提案がありました。ところが、どこに行きたいかという具体的なアイデアがなかなか出てきません。そんなとき父は、やまびこ話法で答えを引き出してくれました。

子供たち　「行きたいところがない」
父　「そうか、行きたいところがないか。じゃあ、何がしたい？」
子供たち　「泳ぎたい！」
父　「そうか、泳ぎたいか。どこで泳ぎたい？」
子供たち　「海。海で泳ぎたい！」
父　「そうか、海で泳ぎたいか。だったら海がきれいなところがいいね」

こんな具合です。子供の言葉を繰り返さずに、ただ「それで？」と聞くだけでは、子供は次の言葉がなかなか思い浮かびません。辛抱強く子供たちの言葉を繰り返し、視点を少し変えた問いかけを丁寧に重ねていくのが秘訣です。
月1回の家族会議のおかげで、私は問題を探したり、アイデアを考えたり提案したり、それらをわかりやすく説明したりする力が養われていった気がしています。まさにこれからの社会で必須とされる思考力、創造力、企画力、表現力です。家族会議も、子育てのなかに取り入れていただきたいものの一つです。

Point of child care

お父さんの子育てポイント

やまびこ話法は子供を受け入れ思考力や表現力を高めるのに最適。家族会議もぜひ取り入れて。

英語はなるべく早く学ばせるのが理想

日本もグローバル化が進み、日常的に英語を話す機会が増えてきました。社内会議はすべて英語で行うといった企業も少なくありません。

教育現場における英語教育も、親世代の頃とは大きく変化しています。2019年には、中学3年生を対象にした全国学力テストで、初めて英語の「聞く・読む・書く・話す」の四つの技能を測るテストが実施されました。

文部科学省は全科目を通じて「主体的、対話的な学び」を推奨していますが、英語に関しては「話す」「書く」のカテゴリーの正答率が低く、伝える力が課題であることが見えてきました。と同時に、海外のテレビ番組やホームページをよく見たり、地域に英語を話す住民や観光客が多いといった環境にいる生徒は、英語の成績が良い傾向にあることもわかってきました。

知育で重要なのは、何よりも環境です。英語を話せる両親から、英語を話せる子供が生まれるのではなく、両親がいっさい英語を話すことができなくても、生まれたときから英語に親しむ環境にあれば、子供はネイティブと同じように英語が話せるようになります。

英語教育はぜひ0歳、1歳から始めてください。遅くとも3歳以前に始めるのが理想的です。一日約60分、英語の音声CDを流しておくだけで構いません。無理やり聞かせるのでは効果がありませんが、嫌がらないのであればCDをBGMのように流しているだけで赤ちゃんは自然と英語を身につけてしまいます。幼児の英語教育では内容や文法を理解したり、味わうといったことは目的としません。そうしたことは中高生になってからやれば十分です。

私の父は英語の通訳をしていましたが、「親が英語を話せなくても、子供は英語を話せるようになる」という仮説を実証しようと考え、自分の英語は封印して、私たちきょうだい3人に英語のテープを聞かせるだけの子育てを始めました。私が5歳、妹が2歳、弟が1歳のときのことです。

その結果、妹と弟はネイティブ並みに英語を読み・書き・話すようになり、二人ともアメリカの大学に進学しました。妹にいたってはそのままアメリカで仕事に就き、現在もアメリカで暮らしています。一方私は、英語が得意科目にはなりましたが、会話にはあまり自信がありません。

こうした結果は、脳の仕組みから説明することができます。人間の脳には生まれながらにして言語習得機能が備わっており、環境さえあれば無意識に言葉を身につけることができます。ただし、この機能は5〜6歳で役割を終え、スイッチがオフになってしまいます。これは、より高度な情報を処理するために、言語処理システムを確立したあと、入ってくる音をその言語とそれ以外の音に自動的に分けて処理するためだといわれています。ですから、5〜6歳より前のできるだけ早い時期から、周りに英語がある環境に身を置くのが良いのです。

また、幼児期の子供は右脳が優位に働いています。右脳は膨大な情報を無意識にスピーディーに処理し、感覚的に判断したり記憶したり、感じ取ったりすることに長けています。それが、就学する頃には左脳優位に移行していきます。左脳は情報処理を意識的に行い、ゆっくりと時間をかけ、筋道を立て、ものごとを考えたり記憶したりすることに長けています。

語学学習に関していえば、左脳優位の状態だと文法や技法を一つひとつ論理的に理解しようとするのに対して、右脳優位の状態では、入力された情報を無意識に高速処理して自動的に情報間の法則を見つけ、それを使いこなせるようになっていきます。

〝音の壁〟といわれるものも5歳前後で出来上がり、それまでに聞いたことのない音は聞き分けられないといわれています。たとえば、日本語は母音が「あいうえお」の五つですが、英語は「あ」と「え」の間や、「え」と「い」の間にも母音があり、母音の数は九つです。5歳までにこのような音を聞いていないと聞き取ることができず、話すことも難しくなります。

言語によって周波数にも違いがあります。日本語は125～1500ヘルツですが、英語は2000～1万2000ヘルツ、イタリア語は2000～4000ヘルツ、ドイツ語は125～3000ヘルツです。周波数の違いも、5歳までに慣れ親しんでいないと聞き取るのが困難になります。このような理由から、語学学習はできるだけ早い時期から始めることが効果的だといえるのです。

幼児は語学学習の天才です。最初は理屈抜きに、子供向けの英語ＣＤなどを流しっぱなしにして、大量の単語をインプットしてみてください。

半年から1年ほど経って適当な時期がきたら、童話や物語、歌、子供向け英会話などの英語ＣＤを繰り返し聞かせて、暗記させるようにします。こうして英語を聞き取る耳を育てると、聞いた言葉が口から自然と飛び出すようになります。その後、聞いた単語と文字を対応させるトレーニングなどをしていくと、英語力を総合的に高めていくことができます。

ただし、どの段階においても無理強《じ》いは厳禁です。「英語は将来必要だから」と、親が損得を意識するのもよくありません。子供が「英語は楽しい」と感じれば、自分から進んで英語のＣＤを聞き、自然と暗記し、自然と話すようになります。お父さんは英語に親しめる環境をつくり、子供に愛情を注ぎ、ほめて育てればいいのです。

なお、英語学習をスタートする年齢が5～6歳を過ぎても、がっかりすることはありません。言語習得機能のスイッチをオンに入れ直さなければならないので多少時間はかかりますが、親の愛情と信頼が土台にあれば、子供は必ず英語をマスターすることができます。

Point of child care

お父さんの子育てポイント

幼児は語学学習の天才。英語のCDを流しているだけで自然と英語を話すようになる。

人生の原動力となる夢と志を育てる

全国の小学生を対象に「将来の夢」をテーマにした作文コンクールを実施している日本FP協会が、応募作品をもとに、子供たちが将来なりたい職業ランキングをまとめています（226ページ参照）。

2018年度の結果によれば、男子は1位が「野球選手・監督など」。2位が「サッカー選手・監督など」。そして「医師」「ゲーム制作関連」と続きます。女子は1位が「パティシエール（菓子職人）」。2位が「看護師」。そして「保育士」「教師」が続きます。

一方、親が子供になってほしい職業ランキングをある調査結果で見てみると、公務員、教師、消防士、薬剤師といった、堅実で安定した職業が上位に並んでいます。

親が安定志向になる気持ちはわからないではありませんが、誰の人生にも山があり谷があります。人生に逆風が吹いたとき、それを乗り越えていく原動力になるのは夢や志です。夢や志をもつことで逆風さえも自分の力とし、人生をより有意義に歩んでいくことができるのです。

夢と志について、私の父は次のように考えていました。

「個性を発揮して自分らしく生きたいという思いが夢。自分の個性を通して社会に貢献したいという思いが志である」

つまり、夢は個人的な思いであり、志は夢の発展した姿で、周りの人々や社会のために、という奉仕の思いです。この項では、子供の夢と志をどう育てるかについてお話ししていきましょう。

まず、子供に夢を抱かせその実現の後押しをするのは、親の大切な務めです。子供が何かに興味や関心を示したら、とことんそれをやらせてあげることです。そのなかから夢がきっと見つかるからです。

一つのことに偏るのはよくない、どんなことでもまんべんなくできるほうがいい、という考えもあるかもしれません。たしかに、いまの学校教育では、多くの科目で良い成績を修めた子供を「優秀」と見なします。

しかし、あるお母さんはこんな気持ちを打ち明けてくれました。

「私の両親はとても教育熱心でした。その両親に言われるがままに、私は一生懸命に勉強し、ずっと学年トップの成績でした。でも大人になって、私には〝これが得意だ〟というものが何一つないことに気づいたのです。何でもそこそこうまくできる自信はありますが、好きなことや、心底熱中できることが何もないのです。そんな自分が嫌で嫌でたまりません」

教育熱心なお父さん、お母さんが犯しがちな間違いは、学校で良い成績をとらせることばかりに目が向いて、子供の才能を伸ばす機会をつくらなかったり、機会を奪って才能の芽を摘んでしまうことです。

一つのことに興味をもって集中して取り組むことは、決してマイナスにはなりません。一つのことのレベルが上がると、その周辺のことにも興味が広がり、結果として全体的に知力が上がっていくのです。

私の弟は幼い頃、ものをよく分解する子供でした。あるとき父が新品のレコードプレーヤーを買ってきたら、弟はそれをドライバーで分解してしまいました。しかし父は叱ったり怒ったりせず、数日後にまた新しいプレーヤーを買ってきたのです。弟はなんとこれもバラバラにしてしまいました。すると数日後、父はまたプレーヤーを買ってきました。さすがに弟も、それは分解しなかったそうですが……。

父は後年、「3台も同じレコードプレーヤーを買うことになったけれど、おかげで彼は器械工作や実験が好きになった」と笑いながら話していました。

お父さんが子供の遊ぶ姿をよく見て、そのなかから個性を見つけて徹底的にバックアップし、「あなたが本当にやりたいことをとことんやりなさい」と、エールを送ってあげてください。

好きなことを仕事にできる人は限られているといわれたりしますが、それはどこかの時点で諦めてしまうからです。諦める原因が親にある場合も少なくありません。「もっと地に足がついたことをしなさい」「もっと安定した仕事に就いたほうがいい」「才能がないから、もっと別なことをしたほうがいい」といった言葉は、子供の幸せや成功を妨げることがあります。否定は否定を生む、肯定は肯定を生む、ということを忘れないでください。

夢を実現した人は皆、多少のことではギブアップしませんでした。コロンブスは「黄金の国ジパングに行きたい」という夢を描き、何度も何度も挑戦し、そのたびに失敗しました。しかし、諦めませんでした。結局ジパングにはたどりつけませんでしたが、新大陸の発見という偉業を果たしたのです。

生き方のお手本として、偉人伝を与えるのはとても良いことです。読み聞かせをしてもいいですし、5歳くらいになれば自分で読めるようになるでしょう。

熱中するものがあまりないという子供の場合は、夢の種まきのために、好きなことに出合う機会を与えてください。幼児期は自分で世界を広げることは難しいので、親がいろいろな経験を積ませてあげることが必要です。

先にも述べた「園・館・場」に行くのもいいですし、お父さんの会社まで一緒に電車に乗って行く、ついでに会社をちょっと覗いてみる、お父さんの仕事について話をしてあげる、というのも良い経験になるでしょう。

さて、志とは、他者の役に立ちたい、世の中の役に立ちたいという思いです。

アインシュタインは、人は何のために生きるのかと問われ、「誰かのために生きてこそ、人生には価値がある」と答えたといいます。

人間は、一人で生きていくことはできません。互いに支え合って生きています。そのことを実感し、感謝し、感謝のお礼として他者の役に立ちたいと思うこと、これが志です。自分の楽しみのため、自分の欲を満たすために生きるというのは、自己中心的な生き方にすぎません。

子供の志を育てるには、親がどのような人生観をもって生きているか、どのような人生哲学をもって子供に接しているかが問われます。だからこそお父さんには日頃から人生について考え、自分の生き方をしっかりと見つめながら生きてほしいと思います。

そして、人生とは何か、生きるとはどういうことかを、子供にときどき話して聞かせてあげてください。「まだ幼いから難しい話はわからない」と、ためらう必要はありません。小さいうちは理解できなくても、お父さんが真剣に話した言葉は子供の右脳に刻まれて残り続けます。そして子供の人生の支えになるはずです。

志を高くもち、それに向かって努力を続けていくことで、人間は磨かれて器が大きくなります。志が大きいほど、人として成長していくことができます。

人のために尽くすことを「徳を積む」といいますが、徳を積むと運気を呼び込むともいわれています。

教育は本来、人としていかに生きるべきかを教えるものだと思いますが、現在の学校教育はまだ知識教育に偏っており、考え方は成績中心です。試験のため、進学のため、就職のため、将来の安定した生活のために良い点数を取るというような学び方は、本来あるべき教育の姿ではありません。

だからこそ家庭でお父さんが、志をもって生きていくことの大切さ、友だちへの思いやりや世の中に尽くすことの大切さを、小さいうちから教えることが欠かせないのです。

Point of child care

お父さんの子育てポイント

夢は、自分らしく生きること。
志は、社会に尽くして生きること。
夢と志の大切さをお父さんが教えてほしい。

図表5　小学生の「将来なりたい職業」ランキングトップ10（2018年度）

男子児童		
順位（前回）	職業	票数
1　（2）	野球選手・監督など	112
2　（1）	サッカー選手・監督など	106
3　（3）	医師	77
4　（4）	ゲーム制作関連	54
5　（12）	会社員・事務員	38
6　（6）	ユーチューバー	35
7　（5）	建築士	29
7　（11）	教師	29
9　（7）	バスケットボール選手・コーチ	24
10　（10）	科学者・研究者	23

女子児童		
順位（前回）	職業	票数
1　（2）	パティシエール	85
2　（1）	看護師	82
3　（3）	医師	80
4　（3）	保育士	75
5　（9）	教師	53
6　（7）	薬剤師	50
7　（6）	獣医	46
8　（5）	ファッションデザイナー	39
9　（8）	美容師	32
10　（35）	助産師	27

出典／日本FP協会「小学生の『将来なりたい職業』ランキングトップ10」（2018年度）より

chapter 06

子供の「体」を育てる

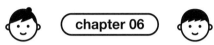

脳にも心にも良い食事は「まごわやさしい」

私たちの命は、食によって養われています。生きる源は食べることです。良い食べ物は脳も心も健やかに育んでくれますが、そうではない食べ物を常食していると、体にも心にも良くない影響が出てしまいます。

あるお母さんが、「子供が落ち着きがなくて困っています」と、相談にみえたことがあります。私が、「毎日、市販のジュースを飲ませていませんか」と尋ねたところ、まさにその通りでした。

市販のジュースのなかには、砂糖が大量に含まれているものが少なくありません。たとえば、ペットボトルのコーラ５００mlには、56・５gの砂糖が含まれています。スティックシュガー（３g）に換算すると、約19本分です。

多量の糖分をとると血糖値が急激に上がり、その後、反動でいっきに下がります。血糖値が乱高下すると、自律神経が乱れてイライラしたり、頭痛がしたり、集中力ややる気の低下などが起きやすくなるのです。動悸《どうき》、ふるえ、空腹、眠気なども引き起こします。キレやすい子供が増えているようですが、それも糖分のとりすぎが原因の一つと考えられます。

炭酸飲料は歯にも良くありません。強い酸によって歯の表面のエナメル質が溶け始め、歯が弱くなり、虫歯になりやすくなるからです。乳歯や生えたばかりの永久歯は、大人の永久歯とは違ってまだ丈夫ではないので、さらに影響を受けやすくなります。

落ち着きがない、集中力がないというと、どうしても性格との関係を考えがちですが、毎日の食事の結果であることも多いのです。食生活を見直したら集中力がつき、成績が上がったという例は少なくありません。

子供たちの健全な成長のためには、知育・徳育・体育・食育が大切だといわれていますが、本来この四つは、「①食　②体　③徳　④知」の順番で重視しなければいけません。つまり、良い食で健やかな体をつくり、人としていかに生きるかを知って徳を養い、知能を高め豊かな知識を身につける。これが理想です。

私の父は20代のときに結核が悪化し、余命1～2か月と宣告されました。自分で治すしかないと考えた父は、『人類病死の原因に就いて：病原の発見と治療・保健法』（水田鹿次著）という本を病床で読み、肉類を避け、野菜を中心にした食事を実践し、野草を細かくすりつぶして青汁にして飲むようにしました。山歩きにも精を出しました。すると病状はみるみる回復していったのです。良い食が健やかな体をつくることを身をもって実証した父は、七田式教育においても食育と体育を重視してきました。

バランスの良い食事のキーワードは、「まごわやさしい」です。

「ま」は豆類、「ご」はごまなどの種実類、「わ」はわかめなどの海藻類、「や」は野菜（緑黄色野菜）、「さ」は魚（小魚や青魚）、「し」はしいたけなどのきのこ類、「い」はいも類。

このような食材を用いた食事を食べるように心がけてください。いうなれば、日本古来の素朴な食材を使ったお惣菜が、健康な体を養ってくれるのです。

「白くない食品」を選んだほうがいいことも、覚えておきましょう。たとえば、玄米を精米すると白米になりますが、精米して糠《ぬか》や胚芽《はいが》を取り除くと、ビタミン、ミネラル、食物繊維なども失われてしまいます。精白の度合いは、玄米、三分づき米、五分づき米、七分づき米、胚芽米、白米という順で大きくなるので、白米よりは胚芽米、分づき米や玄米を選んだほうが栄養価は高くなります。

砂糖や塩も同じです。精製された白砂糖より、三温糖や黒砂糖のほうがミネラル分を含んでいます。塩も、精製された食塩は99%が塩化ナトリウムなのに対して、自然塩はマグネシウムやカルシウムなどのミネラルを多く含んでいます。

パンも、真っ白な食パンより、ライ麦パンなどの茶色っぽいパンを選ぶといいでしょう。

「おかあさんやすめ、ははきとく」も、覚えておきたいキーワードです。

「おかあさんやすめ」は、オムライス、カレーライス、アイスクリーム、サンドイッチ、焼きそば、スパゲティ、目玉焼き。

「ははきとく」は、ハンバーグ、ハムエッグ、ギョーザ、トースト、クリームスープ。

いずれも子供の好物で調理が比較的簡単なことから、子供のいる家庭ではよく登場するメニューだと思いますが、栄養のバランスは良くありません。カレー、焼きそば、スパゲティなどは単品になりやすく、野菜が不足しがちです。

これらのメニューだと、魚もほとんど食べることができません。ご存じでしょうが、魚に含まれるDHA、EPAなどの脂肪酸は脳を活性化する働きがあるといわれています。

食品添加物にも注意してください。大人の体には問題がないからといって、子供も大丈夫だとは限りません。子供の解毒機能は、大人に比べて低いからです。大人の5倍、10倍の強さで影響が出る可能性があります。

インスタント食品、加工食品、化学調味料、スナック菓子、人工甘味料などに含まれる化学物質は、脳の正常な機能を妨げるという説もあります。脳が著しく成長している子供は、とくに注意が必要です。

ところで、皆さんは週に何回、家族で食卓を囲んでいますか。共働き家庭が増えて、「孤食」の子供が多いといわれています。

食材やメニューに気をつけることも大切ですが、私が何よりも重要だと考えているのは「家族で一緒に食べる」ということです。どんなに栄養のある食べ物も、子供独りで食べていては〝心の栄養〟になりません。家族揃って楽しく食べることで、子供は親から大切にされていること、親から愛されていることを感じます。

家族全員が揃うのが難しければ、お父さんだけ、お母さんだけでも構いません。ぜひ子供と一緒に食卓について、笑顔で食べるようにしてください。

Point of child care

お父さんの子育てポイント

心も体も良い食事で養われる。何よりも家族で楽しく食べることで子供は家族の愛を実感できる。

やる気や集中力が高まる年齢別基礎体力の養い方

昔は外で遊ぶ子供の声があちらこちらで聞こえたものですが、最近は夏休みになってもひっそりとしている観があります。生活スタイルなどが変わってきたことで子供の生活も様変わりし、戸外で遊んだり、出歩いたりする機会が減り、子供の体力の低下が問題視されています。

体力が低下すると、疲れやすくなります。気力もわきませんし、何かに取り組むための集中力も続きません。

「基礎体力」という言葉がありますが、全身を効率よく動かすために必要な筋力、持久力、柔軟性などのことです。人間としての基本の体力である基礎体力は、一朝一夕に養うことはできません。日々の生活のなかで意識して高めていくことが不可欠です。

そこで、年齢別にぜひ実践していただきたい、基礎体力を養うための取り組みを紹介します。

○乳児期

赤ちゃんの肌にやさしく触れながら、ベビーマッサージをしてあげましょう。手や足をゆっくり動かしてあげたり、足、足の裏、おなかなどをゆっくりさすったりします。そうすることによって、筋肉や関節の動かし方が身につくようになり、血液やリンパの流れも良くなって新陳代謝が促されます。

決まったやり方はありませんが、大人へのマッサージとは違って、ベビーマッサージは親子のスキンシップやコミュニケーションです。「大好きだよ」「生まれてきてくれてありがとう」と、声をかけながら行うのがおすすめです。

○1歳頃

体の使い方を身につける初歩の段階です。親子で楽しく遊びながら次のようなことに取り組み、体を動かす習慣をつけましょう。

・おもちゃの手押し車などを使って、歩く練習をする
・子供の両手を取って、立たせたりしゃがませたりする
・子供と向き合って座り、ボールを転がし合う
・ボールを追いかけたり、投げたりする

○2歳頃

動きが活発になり、体を上手に使えるようになってくる時期です。全身を使って思い切り遊べるように、積極的に機会をつくってあげましょう。次のような取り組みもおすすめです。

・数メートル離れたところから、お父さんの胸に向かって走らせ、抱き留める
・少し重いものを引っ張って運ばせる
・左右どちらの足でもボールを蹴ることができるようにする

○3歳頃

ブランコ、鉄棒、滑り台、トランポリンなどの遊具を使った運動ができるようになってきます。公園などに行って、いろいろな運動を体験させてください。

・片足立ち、ケンケンができるようにする

・低い台に飛びのったり、台から飛び降りたりできるようにする
・長い距離を歩いたり、走ったりする

○4歳頃
簡単なルールのある運動やゲームができるようになります。運動で体力を養うとともに、ルールを守りながら友だちと遊ぶことで社会性も養っていきましょう。
・速く走ったり、坂道を歩いたりする
・でんぐり返しを1回する
・ブランコを立ってこげるようにする

○5歳頃
自転車に乗ることができる子供もいます。さまざまな体の動かし方ができる時期で、運動量も増え、持久力が徐々に身についていきます。
・30メートルくらいを全速力で走る
・馬跳びをする
・縄跳びを連続で跳べるようにする

◯6歳から小学校入学頃まで

基本的な体の動かし方を身につける仕上げの時期です。何かに偏ることなく、いろいろな運動をさせましょう。ある程度の時間、継続して運動させることで、持久力をつけることも大切です。

・長い距離を走る
・ブリッジができるようにする
・50メートルくらいを全速力で走る

どの段階にもいえることですが、これらがすべてできなくてはいけないということではありません。あくまでも目安ですので、決して無理強いをせず、楽しいお遊戯感覚で取り組んでください。トレーニングや訓練ではなく、親子のコミュニケーションととらえて、お父さん自身が楽しみながら子供の相手をし、子供のやる気をうまく引き出してあげるといいでしょう。

前に「才能逓減《ていげん》の法則」（58ページ参照）という話をしました。年齢が低ければ低いほど、能力を引き出せる可能性が高いという法則ですが、運動能力にもいえることです。スポーツ万能のお父さん、お母さんだからといって、子供も運動が得意になるとは限りません（51ページ参照）。もって生まれた能力を最大限に引き出してあげるためにも、適切な働きかけをしてあげましょう。

スポーツは、向上心や集中力・積極性・精神力を高める助けになりますし、良い仲間に出会う機会も与えてくれるものです。体を動かす機会を、意識して生活のなかにつくっていきましょう。

Point of child care

お父さんの子育てポイント

集中力ややる気を高めるためにも基礎体力をつけることが大切。年齢に応じた運動をさせよう。

手は〝第二の脳〟。手先を鍛える

指をよく使うと脳が活性化する、老化防止になる、といった話を聞いたことがありませんか。手は「第二の脳」「外部の脳」とも呼ばれ、指には神経が集中しているため、指先を動かすと脳にたくさんの刺激が伝わるのです。

成長期の子供も手先をよく使うようにすると、脳が活発に働き、思考力・記憶力・創造力などを高める助けになります。「手先の器用さと学力は比例する」といわれることもあるほどですから、普段の遊びのなかに、手先を動かすものを取り入れていくのがいいでしょう。

赤ちゃんは4～5か月頃から自分の意思でものがつかめるようになり、つかむ、放す、振る、投げる、持ち替える、つまむ、押す、回す、と、指の動きの幅を広げていきます。おもちゃのガラガラは、握ったり振ったりという手指の動きに効果的ですし、振ると音が鳴るので聴覚刺激にもなります。

幼い子供が必ずといっていいほどやりたがるのが、いわゆるティッシュ遊び。箱からティッシュペーパーを次々と引っ張り出す遊びです。散らかすので困る、日用品だからもったいない、資源なのだから無駄にするのは良くない……といった意見もあるようですが、あれは成長過程での赤ちゃんなりの〝実験〟の一つで、知能の発達の現れでもあります。ティッシュ遊びに熱中する時期の子供は、親指・人差し指・中指の機能が発達する時期にあります。指三本でつまむ、引き出すという訓練をしているのです。

また子供は、お父さんお母さんを困らせようとしているわけではありません。子供のそうした行為を「童技《わらべわざ》」といいます。ティッシュ遊びは発達の兆候と思って見守ってください。時期がくればおさまります。

シールを貼るのに熱中する時期もあります。タンスや壁がシールだらけ、というお宅もあるかもしれません。これもシールを指ではがす、貼るという指先のトレーニングになっています。

1歳頃になったら、積み木遊びやブロック遊びなどがおすすめです。ブロックは組み上げていくだけでなく、そのカラフルな色を活かして、並べて模様を作るという遊び方もできます。

日本ならではの玩具といえば、折り紙があります。折り紙を折るには、繊細な指先の動きや集中力が必要ですので、脳の活性化にはうってつけです。

私の次男は幼い頃、病気がちで、一年の約3分の1は入院生活をしていました。体を動かす運動はできないので、ベッドの上でできるさまざまな遊びをさせていたものです。その頃に彼が覚えたのが、はさみです。2歳の頃には、ずいぶん上手にはさみが扱えるようになっていました。

はさみで紙を切るには、持ち手の穴に指を入れて動かしたり、紙を持った手をうまく動かしたり、直線に切ったり曲線に切ったり、複雑な手指の動きが必要です。はさみや折り紙を使った遊びは、創造力の向上にも有効です。

子供が2歳頃になったら始めてほしいのが、鉛筆書きです。鉛筆をしっかり握る、細かく手を動かすといった手先の訓練になりますし、何よりも文字を書くための筆圧を養うトレーニングとして欠かせません。

最初は書くことへの興味を深めさせるために、クレヨンやサインペン、色鉛筆などを与えて、好きなようになぐり書きさせるといいでしょう。少しでも何か書けたら、「上手に書けたね」「書くのは楽しいね」とほめて、書くことの楽しさを感じるようにしてあげてください。

ペンや鉛筆の持ち方は最初のうちは自由にさせて構いませんが、いつまでも自己流なのはよくありません。いったん変なクセがつくと、矯正するのが難しくなります。

子供が自分から鉛筆を持つようになったら、正しい持ち方を教えてください。鉛筆を正しく持つことは、美しい文字を書くために大切なことです。正しい持ち方で書くと、体に変な力が入らず、無理のない姿勢で書くことができ、文字のバランスもうまく取れるようになるのです。

パソコンやスマホが普及してから、鉛筆やペンで文字を書く機会が激減しています。デジタルネイティブの若者たちのなかには、筆記具に適した筆圧で文字を書くことができない人も多いようですが、美しい文字が書けることは教養の一つといっても過言ではありません。また、書き文字は読む人に気持ちを伝える意味もあります。子供がきちんとした文字が書けるよう、幼い頃から意識した取り組みをしてほしいものです。

お手伝いも手先のトレーニングにぴったりです。たとえば料理なら、生卵を割る、ゆで卵の殻をむく、ハンバーグのタネをこねるなど。洗濯物を畳むときは端と端をきちんと揃えなければいけませんし、雑巾をしっかり絞るには手の動きにコツがいります。

繊細な指の動きが要求されるものが多いので、最初はうまくできないでしょう。割った卵の殻が混じっても小言は言わず、「上手にできたね」と、ほめてあげてください。何度も繰り返すうちに驚くほど上達します。そうすると子供自身も喜びが増し、自信がついてきます。

子育ての最終目標は、子供を自立させることです。経済的な自立はずっと先のことですが、身の回りのことは自分でできるように、少しずつ準備を始めましょう。自分で自分のことができる子供は、人の手を煩わすことがありません。そういう子供は将来、必ず人の役に立つ人間になることができます。

手先を使う取り組みを通して、日常生活を支障なく送れる技術を養ってあげてください。ひいてはそれが徳の高い、世のため人のために生きる豊かな人生につながっていくのです。

Point of child care

お父さんの子育てポイント

手先を使う取り組みは自立を促し、人間力を高めてくれる。

巻末付録

お父さんの悩みを
まるごと解決！

Q&A

テーマ①

お父さんの仕事と子育て

Q. 子供ができたら働き方を変えるべきですか？　もうすぐ子供が生まれるのですが、現在は出張が多く、育児になかなか参加できそうにありません。

A. 男性の育休取得の義務化も議論にあがっており、お父さんの育児参加を応援する企業も増えつつあります。働き方を変えることが可能なら、検討されると良いと思います。ただし社内での立場や仕事の状況によっては、それが難しい方もいるでしょう。明日までにどうしても終わらせなければならない仕事がある場合には、残業もせざるを得ないでしょう。

私は子育て真っ最中の頃に、会社がピンチになったことがありました。当時は、いったん帰宅して子供たちと一緒に晩ご飯を食べ、読み聞かせをし、寝かせてから、また会社に戻って夜中まで仕事をする、という生活をしていましたが、月末の支払い分が不足しているとなったら、そうもしていられません。仕事優先になり、子供たちとはなかなか一緒に過ごすことができませんでした。

そういうときは、事実を子供に説明するように心がけました。「お父さんはいま、仕事が忙しくて時間が取れないけれど、今度の連休は一緒に遊ぼうね」と。きちんと説明すれば、幼い子供も理解できます。そしてそのときに子供たちとした約束は、必ず守るようにしました。約束を破れば子供は親を信用しなくなりますし、約束を守ることの大切さを教えることもできないからです。

仕事が大変なときは、仕事に一生懸命に取り組むことが必要でしょう。そして時間がつくれるようになったら、子育てに精いっぱい取り組むのがいいと思います。ただし、お父さんもお母さんも余裕をなくしてイライラすると、子供に良い影響を与えません。親子ともにゆとりがもてるような過ごし方を工夫すると良いでしょう。

Q.

専業主夫になることを真剣に考えています。現在は仕事が忙しく、なかなか子供と過ごす時間が取れません。子供のことが大好きなので、もっと積極的に子育てに関わりたいのです。

A.

私の知り合いにも、奥さまが外で働いて、ご主人が家で家事をしたり子育てをしているという人がいます。また、奥さまが地方に転勤が決まったので、ご主人のほうが仕事を辞めてついて行くことにした、というご家庭もあります。男女ともにいろいろな生き方が可能な時代です。専業主夫もとうとい選択だと思います。

子供と過ごす時間が少ないとのことですが、量より質を重視するという考え方もあります。一緒に過ごせるときには、親子で熱中できる遊びをしたり、子供の成長に役立つ遊びを一緒にしたりすると、充実した時間になります。

あるお母さんのエピソードですが、その方は企業経営者で、しょっちゅう娘さんをベビーシッターに預けて出張しなければなりませんでした。それでも、毎晩決まった時間に娘さんに電話をし、「今日は学校で何があったの？」「誰と遊んだの？」「何が楽しかった？」と、その日にあったことを聞き、娘さんも電話の向こうのお母さんに一生懸命に話していました。

あるときシッターさんが娘さんに、「ママが忙しくて寂しくない？」と尋ねたところ、娘さんは、「全然寂しくないよ。だってママは私のこと、大好きだもん！」と答えたそうです。

どんなに忙しくても、一緒に過ごす時間が少なくても、愛情は伝わるのだということを感じさせられたエピソードでした。心のなかで「愛している」と思うだけでなく、きちんと行動にして子供に伝えることが大事です。

Q.

妻はどんどん立派な母親になっていくのに、私は父親として成長できていない気がして、落ち込みます。

A.

子育ては、子供ができてからがスタートです。初めてのことの連続で、予想外のこともたくさん起きます。ですから、失敗が多くて当然です。しかし、自分を親として駄目だと思う必要などまったくありません。失敗し、反省しながら、前に進んでいくものです。

お子さんには必ず良いところがたくさんあると思います。その良い部分を認めて花マルをあげたら、同時に、お父さんも自分自身に花マルをあげてください。親御さんが育てたから、良い子に育ったのです。子供を認めるということは、親である自分を認めることでもあります。

テーマ②

しつけ

Q. しつけについて悩んでいます。どのようなしつけをすればいいか教えてください。

A. 子供はいつか親のもとを離れて、一人で生きていかなければならない日がきます。しつけとは、「子供が自立して生きていけるように、生活習慣や礼儀などを身につけさせること」と考えてください。

基本的なしつけとしてぜひ実践してほしいのは、次の四つです。

①好き嫌いなく何でも食べる、毎朝トイレで排便するといった「健康」に関すること

②歯磨き、手洗い、うがい、入浴など「清潔」に関すること

③靴を揃える、おもちゃを片づけるなど「整理整頓」に関すること
④挨拶、お礼、言葉づかいなど、「人間関係」や「礼儀」に関すること

いずれも幼児期から始めることをおすすめします。1歳の子供でも、遊んだあとの片づけを一緒にしているうちに、しまう場所を覚えて、自分でそこに持っていくようになります。「まだ小さい」「まだ一人ではできない」と決めつけずに、意識して働きかけていくようにしましょう。

小学校に上がる前に始めておくとよいものに、学習習慣を身につけるというのもあります。市販の幼児向けドリルなどを利用して、毎日決まった時間に、決まったページ数に取り組むようにしてみてください。学習習慣の基礎を身につけておくと、親に言われなくても自分から進んで机に向かい、一人で宿題をしたり予習復習ができるようになります。

Q. 子供が言うことを聞かないと、カッとしてしまうことがあります。どうすれば感情をコントロールできますか？

A. 親も人間ですから、感情が抑え切れなくなることはあるものです。そういうときに乱暴な言葉づかいで叱ったりすると、子供も同じように乱暴な言葉づかいをするようになります。また、カッとして手が出る、足が出るということもあり得るでしょう。さらにヒートアップすると、虐待につながります。

感情が抑えられないと思ったら、すぐにその場から離れて、トイレに行くか、洗面所に行くか、ベランダに出るなどしてください。「ちょっとトイレに行くね。すぐ戻るから」などと言って、中座することをおすすめします。洗面所で顔を洗って、鏡で自分の顔を見てみたり、ベランダで深呼吸をしたりすると、気持ちが落ち着きます。

もし子供が泣いていたとしても、すぐに声をかけると、ますます泣くだけです。一人になれば、泣いていても仕方がないとわかって泣きやみます。子供が泣きやんだら、「よく我慢できたね」「泣きやんでえらかったね」と言ってほめながら、ハグしてあげましょう。

こうして親も子供も、感情を抑えて気持ちを落ち着かせることを学んでいくのです。

Q. 一人っ子なので、つい過保護になってしまいます。そのせいか子供も甘えん坊です。やはり過保護は良くないでしょうか？

A. 子供を自立させることが子育ての目標です。いつまでも親が世話を焼いていては、子供の自立は進みません。日常生活のことも、勉強のことも、自分のことは自分でできるように促していくことが不可欠です。

七田家は中学校を卒業したら親元を離れて寮生活をする、という決まりがあったので、父は私たちが小学校に上がると、勉強のことにも口を出しませんでした。もちろんそれまでに、自分から進んで勉強する習慣をつけてくれましたし、手伝いをする機会をたくさん与えてくれて、身の回りのことも一人でできるようにしてくれました。

アメリカの先住民には「子育て四訓」という、次のような教えがあります。「乳飲み子からは肌を離すな。幼児は肌を離して、手を離すな。少年は手を離して、目を離すな。青年は目を離して、心を離すな」。

赤ちゃんの間はいつも肌を接して育てますが、成長するにつれて、親は意図的に子供との距離を取っていかなければいけません。

少年というのは、小学生の時期です。その頃になったら手を離し、自主性を養います。しかし、目は離さず、ちゃんとできているかどうかを見て、できていなければやり方を教えなければいけません。そうやって、自分でできることをどんどん増やしていくのです。

青年というのは中学生以上です。この時期は目も離します。いつまでも監視されているのは子供も嫌でしょうし、親も子離れをしていかないといけないからです。しかし、最後まで心は子供から離さず、見守るのです。これが子供の自立を促すコツです。

Q.

日頃から「嘘は良くない」と言い聞かせているつもりですが、子供がしばしば嘘をつくので困っています。

A.

子供の嘘は放っておくのがいちばんです。なぜなら、子供には嘘をついているという自覚がない場合が多いからです。そういうときに頭ごなしに叱ると、ますます嘘をつき、嘘が上手になっていくので、まったくの逆効果です。

また、幼い子供などは空想と現実の境目がはっきりせず、童話やファンタジー映画で強く印象に残ったシーンがあったりすると、それがまるで現実であるかのように話すことがあります。

「こうなったらいいな」という強い願望を事実のように話すこともあります。そうした嘘は、成長するとともになくなっていくので心配はありません。

嘘と正直は、コインの裏表のようなものです。子供の嘘が気になるなら、逆に正直を強調して、「あなたは正直だね」「いつも正直で素直だね」と言ってあげるのが効果的です。

カナダで、4~8歳の子供を対象にしたある実験が行われました。子供を一人ずつ部屋に入れ、「少し待っていて。後ろの部屋におもちゃがあるけれど、見ては駄目」と言い置いて、待たせておきます。すると約67%の子供が、一人きりになった途端におもちゃを見てしまいます。

次に、おもちゃを見た子供を三つのグループに分け、①「見たとしても怒らない。でも正直に言ってくれたら嬉しい」。②「見たとしても怒らない。だから話して」という3通りの言い方で言い聞かせました。その結果、正直さを強調した①と②のグループは、半数以上の子供が「おもちゃを見た」と打ち明けましたが、③のグループは85%以上の子供が本当のことを話しませんでした。

親はよく「怒らないから正直に話しなさい」といった言い方をしがちですが、それでは子供の心は動きません。まして「嘘つきは泥棒の始まりだよ!」などと、脅すのは良くありません。子供の心を動かすのは、親の愛情とポジティブな言葉です。

子供が正直に話してくれたときは、「正直に言ってくれてありがとう。パパは嬉しいよ」と言って、抱きしめてあげてください。

テーマ③

読み聞かせ＆教育

Q. 読み聞かせをするときは、どんな絵本を選べばいいですか？

A. 小さい子供にはまず、絵本の楽しさを感じてもらうことが大事です。

ボードブックといわれる厚手の紙の絵本、いろいろな手触りを楽しめる本や、ちょっとした仕掛けのある絵本などがおすすめです。内容的には、繰り返しやオノマトペ（擬声語・擬音語・擬態語）を多用したものだと、言葉のリズムを楽しむことができます。

少し年齢が上がってきたら、子供に好きな本を選ばせるのもいいでしょう。いつも同じ本ばかり選ぶこともありますが、その本が気に入っている証拠です。暗唱できるくらい繰り返し読んであげてください。記憶の回路が構築されて記憶力アップに役立ちます。

ただし、視野を広げるために、新しいジャンルの本にも挑戦してほしいものです。197ページでも述べたように、3冊読み聞かせをするとしたら、2冊は子供のお気に入りの本、1冊はお父さんが子供に読ませたい本を選ぶといいでしょう。

実年齢に合わないような幼い内容の本を好むこともありますが、気にする必要はありません。お気に入りの本をお父さんが繰り返し読んでくれるのは、子供にとってとても幸せなことです。大人になってふとそれを思い出し、親の愛情を改めて実感して、癒されたり励まされたりすることがあるものです。

Q.

読み聞かせで気をつけることや、上手に読むコツを教えてください。

A. ストーリーを理解できているかどうかを確認しようとして、途中で子供に質問したりするのはやめましょう。読み聞かせは勉強ではありません。親子一緒に楽しめる雰囲気をつくることが大事です。

逆に、読みながら、子供に質問されるたびに答えるのもあまり良いことではありません。読み始める前に、「わからないことがあったら、読み終わってから質問してね」と約束するようにしましょう。これは、人の話を静かに終わりまで聞くという態度を身につけるために大切なことです。

また、175ページでも述べたように、その日に何冊読むか、何ページ読むかもあらかじめ約束して、それを守らせるようにしてください。わが家の子供たちも「もっと読んで。もう1冊読んで」とせがむことが多かったのですが、「今日は3冊と約束したから、また明日ね」と、約束を守らせるようにしました。どんなに楽しくても決めたことは守る、という習慣を身につけさせるようにしましょう。

読むコツですが、淡々と感情を入れずに読んだほうが子供の想像力を邪魔しないという説もありますが、私は登場人物を演じながら、臨場感たっぷりに読んでいました。子供たちもそれを楽しんで、聞き入ったり、大笑いしたりしていました。ただし得手不得手もあるので、それはお父さんの自由でいいと思います。上手下手も気にする必要はありません。子供は、お父さん、お母さんが読んでくれるということが、何よりも嬉しいのですから。

Q. スマホや携帯電話、タブレットは何歳頃から持たせればいいですか?

A. いわゆるスマホ育児には賛否両論あります。私の考えでは、携帯用ゲーム機も含めたデジタル機器は、少なくとも3歳までは自由に触らせないことをおすすめしています。脳の発達に影響を及ぼす危険があると思うからです。

脳は、幼少期にさまざまな刺激を受けることで正常に発達します。視覚・

触覚・聴覚・嗅覚・味覚、これらの感覚を通してもたらされる刺激のすべてが脳の発達には必要です。しかし、スマホを操作するときに受ける刺激は、視覚に偏っています。その視覚にしても、眼球があちらこちらに動けば脳への刺激は増えますが、スマホは画面のほうが動き、視線はほぼ一定です。最近は、この「視線の固定化」が脳の発達を阻害すると指摘されています。

また、ある研究結果では、長時間スマホで動画を見たりゲームをするなど中毒状態にある人の脳は、機能低下や萎縮が認められています。とくに前頭葉や前頭前野、脳梁《のうりょう》など、意欲や創造力・理解力など、知性に関わる脳の分野がダメージを受けるといわれています。

スマホやタブレットが普及してまだ10年ほどです。日常的な使用が心身にどのような影響を及ぼすか、その答えが出るのは20年、30年先になるでしょう。それまでは、成長の著しい幼少期の子供に自由に使わせるのは避けたほうが無難です。使わせる場合は、一回30分以内など時間を制限するのが良いでしょう。

それから、授乳中のお母さんにお願いしたいことがあります。授乳中はスマホをしまって、子供をやさしく見つめ、「生まれてきてくれてありがとう」「元気にすくすく育ってね」と、声をかけてほしいのです。声に出せないときは、心のなかで語りかけるだけでも構いません。授乳時は親子の最高のスキンシップのときです。子供に全神経を集中させて愛情を注ぐ——そういう時間にしてください。

3歳までの触れ合いは大切です。肌と肌とが触れ合うことで、子供は親の愛情や頼もしさを知り、その記憶が子供の人生を支え続けます。

Q. これからはますますグローバル化が進むと思われます。国際感覚を身につけるために海外留学をさせたほうがよいでしょうか？

A. 留学といっても種類はさまざまです。親子一緒に留学する「親子留学」。夏休みを利用しておもに語学を学ぶ「サマースクール」。公立の受け入れ校に短期から長期の留学を行う「公立校留学」。海外の姉妹校に留学する「交換留学」。数週間から数か月にわたり現地の児童・生徒と一緒に授業を受ける「現地校体験」。現地の私立校に留学して寮生活をする「ボーディングスクール」などです。

お子さんが小学校の中学年くらいまでは、親子留学かサマースクールが選択肢の中心となります。小学校の高学年以降になると選択肢は広がり、前記のほぼすべてのタイプを検討することができるでしょう。お子さんの年齢、お子さんに適した留学の種類、期間や学び方、費用などに関してできるだけ多くの情報を集め、詳しく検討されることをおすすめします。

わが家の3人の子供たちは、中学卒業後に海外の高校に進学しました。長男は高校卒業後、帰国して日本の大学に入りましたが、大学在学中に1年間、また留学しました。長女と次男は高校卒業後、そのまま海外の大学に進みました。

彼らが学んでいた海外の高校は、「在外校」といわれる高校でした。在外校は日本の文部科学省の認可を受けているので、卒業すれば日本の高校の卒業資格が得られ、スムーズに日本の大学を受験することができます。認定外の学校の場合は各種学校扱いになり、卒業しても日本の学歴は中卒のままですから、日本の大学に進学するなら大検を受けなければいけません。

また、海外の高校は卒業時期が3月ではないので、その後の日本での進学や就職に不利になることがあります。国際感覚をもった学生を募集している大学のなかには、秋入学を受け付けているところもありますが、数は多くありません。留学を検討する場合には、このような点も心に留めておくべきでしょう。

しかしながら私は、海外留学は子供にとってはかけがえのない財産になると感じています。留学を経験すると視野が広がり、グローバル感覚が身につきます。親から離れて異国の地で暮らすわけですから、自立心が育ちます。寮で寝食をともにする仲間とはかけがえのない絆で結ばれ、日本だけでなく世界中に得がたい人脈ができて、交友関係が豊かになります。留学する前とあとでは、子供はガラリと変わります。私は、ときどき帰国する子供を見るたびにその成長ぶりに驚かされ、頼もしく感じています。留学を子供への貴重な投資と考えることもできると思います。

ところで、日本国内では近年、英語で授業を行うインターナショナルスクール（以下「インター」と略）が増えています。日本の幼稚園に相当する2～6歳の子供向けのプリスクール、初等部・中等部・高等部をもつインターなど種類も多様化しており、高度な英語力やコミュニケーション力、国際感覚が身につくということで人気が高まっています。

ただし注意も必要です。インターは日本の教育基本法が定める義務教育の対象外のため、義務教育違反になる可能性があります。この義務教育違反に対する行政の対応にはバラつきがあり、定まっていません。インターを選ぶ際にも、よく検討されることをおすすめします。

おわりに

子育てに自信をもって取り組むことができている方は、そう多くないでしょう。ほとんどの方は、毎日が試行錯誤と失敗と反省の連続かもしれません。

しかし、それで良いのだと思います。子育ては、子供をもって初めて取り組むもの。親にとっても、子育てはゼロからのスタートです。試行錯誤するのが当たり前、失敗があって当然です。失敗しても、自分を「駄目な親だ」と思う必要などありません。まして、それで自信を失う必要もありません。失敗しながら、反省しながら、子供と一緒に少しずつ成長していけばいいのです。

成長の一つのきっかけになるのが、「気づき」ではないでしょうか。気づきといえば、こんな思い出があります。

親戚の集まりに行ったときのこと。当時小学生だった長男が、年下のいとこに

「ああしなさい」「こうしなさい」と、口うるさく言っている様子を目にしました。それは私が普段、長男に言っている口調とそっくりでした。長男は私にとって初めての子育てでしたから、「きちんと育てなければ」と思って肩に力が入り、ついつい小言が多くなっていたのです。それを機に子供たちへの口調に気をつけるようになり、小言ではなく、ほめる言葉を増やすように心がけました。そのせいか、下の二人の子供たちには甘くなりすぎたかもしれません。なかなかうまくいかないものですね。しかし、三人とも、やさしくて思いやりの深い人間に成長してくれました。

気づきがあれば進歩があり、問題を改善しながら前に進んでいくことができます。本書が皆さんの何らかの気づきのきっかけになり、愛と笑顔にあふれた親子関係を築く小さな助けになれば幸いです。

2019年10月

七田　厚

奈良	王寺／香芝／学園前
兵庫	芦屋／西宮北口／池淵スクール加古川駅前／池淵スクール姫路駅前／キャプテン姫路南／園田駅前／三宮
岡山	三鈴学園さん太／三鈴学園三鈴／三鈴学園西大寺／三鈴学園倉敷／津山／灘崎
広島	新井口／東広島／広島／福山
鳥取	はなふさ鳥取／はなふさ米子
島根	江津本部／はなふさ松江／はなふさ出雲
山口	下関
徳島	蔵本／徳島／鳴門
高知	いの枝川
福岡	新宮／守恒／アップル黒崎／アップル三萩野／那珂川／渡辺通り／ももち浜
佐賀	佐賀／鍋島
大分	大分明野
長崎	いさはや／長崎たらみ
宮崎	木城／ありた
鹿児島	始良／天文館／谷山
沖縄	宮古／石垣

（2020.3.1現在）

○ 世界に広がる七田式教育

台湾・シンガポール・マレーシア・アメリカ・インドネシア・タイ・オーストラリア・香港・中国・カナダ・ベトナム・ラオス・ミャンマー・カンボジア・イギリス・ルーマニア・インド・韓国

（海外の教室は、原則的に各国の言語でレッスンを行っています）

※体験予約・お問い合わせ先、住所等詳細、また最新データは、
七田式教育公式サイト（https://www.shichida.co.jp）をご覧ください。

七田式　検索

スマートフォンからはコチラ

七田式教室所在一覧

北海道	札幌円山／札幌月寒
秋田	秋田
宮城	晃学園仙台／晃学園泉
福島	福島／郡山／小名浜
茨城	日立／つくば／水戸／東海／鹿嶋／北浦／鉾田
群馬	前橋／伊勢崎／高崎／太田
栃木	小山／足利／宇都宮／栃木
埼玉	浦和／熊谷／春日部／深谷／川越／川口／大宮／朝霞／東川口／鳩ケ谷／ふじみの／久喜／上尾たんぽぽ／上尾／越谷レイクタウン／所沢
千葉	柏／ホテルニューオータニ幕張／新松戸／津田沼／新浦安／千葉駅前／船橋駅前／新鎌ヶ谷／千葉ニュータウン／船橋／小見川／我孫子／流山おおたかの森
東京	成城学園前／亀戸／板橋／高田馬場／門前仲町／三田／渋谷／東武練馬駅前／町田／中目黒／浜田山／春日駅前／大塚／池袋／田端／竹の塚／綾瀬／大井町／勝どき駅前／金町／神楽坂／葛西／五反田／大泉スワロー／練馬／中野／日暮里／麹町／新高円寺／武蔵小山／新宿南口／吉祥寺／三軒茶屋／荻窪／下北沢／府中／赤羽／錦糸町／成増／国分寺／上野御徒町／浅草
神奈川	宮前平／登戸／横須賀／横浜旭／横浜金沢／横浜港北／横浜都築／横浜緑／川崎新百合ヶ丘／武蔵小杉／青葉台／ひまわり／上大岡／鎌倉／秦野／川崎駅前／戸部駅前／えびな／ほどがや／相模大野／港南台／藤沢
新潟	上越／新潟／長岡
長野	長野南／長野駅前
富山	富山
石川	かほく／小松／小松北
静岡	はままつ／静岡／藤枝／磐田
愛知	豊田美山／一宮／津島／藤が丘／八事／岡崎駅前／刈谷／豊田駅前／碧南／安城／大池公園／滝ノ水／半田／岡崎／高蔵寺／春日井勝川駅前／大曽根駅前／星が丘
岐阜	瑞浪／多治見／大垣
三重	鈴鹿／久居／津／松阪
京都	宇治／京都／松井山手
滋賀	栗東／びわ湖大津
大阪	江坂／天六／本町／テンダー泉ケ丘／テンダー狭山・金剛／交野／フィースト羽衣／フィースト岸和田／フィースト泉佐野／なんば／守口／樟葉／池田／久宝寺／堺東／藤井寺／香里園

参考文献

『どの子も伸びる！ 正しい知力の磨き方』七田眞（ＰＨＰ研究所）

『子どものこころが動きだすことば』七田眞（ぜんにち出版）

『父親の７つの行動』七田眞（海竜社）

『魂の人生学』七田眞著・七田厚監修（講談社）

『全脳力』七田眞著・七田厚監修（サンマーク出版）

『子どもの脳は６歳までにゆっくり育てなさい』七田眞（中経出版）

『ナショナルジオグラフィック』2015年１月号（日経ナショナルジオグラフィック社）

『目で見る脳 その構造と機能』時実利彦（東京大学出版会）

〔著者〕

七田 厚（しちだ・こう）

七田式創始者七田眞の次男。1963年島根県生まれ。東京理科大学理学部数学科卒業。1987年より株式会社しちだ・教育研究所代表取締役社長。七田式主宰。2006年東久邇宮記念賞受賞。

七田式教室は、国内だけでなく、台湾、シンガポール、マレーシア、アメリカ、インドネシア、タイ、オーストラリア、香港、中国、カナダ、ベトナム、ラオス、ミャンマー、カンボジア、イギリス、ルーマニアなど世界に広がっている。

おもな著書に、『忙しいママのための 七田式「自分で学ぶ子」の育て方』（幻冬舎）、『七田式 子どもの才能は親の口グセで引き出せる！』『七田式 頭が鋭くなる大人の算数ドリル』（ともに青春出版社）などがある。

お父さんのための子育ての教科書

2019年11月13日　第1刷発行
2020年 3 月12日　第2刷発行

著　者 ―――――― 七田　厚
発行所 ―――――― ダイヤモンド社
〒150-8409　東京都渋谷区神宮前6-12-17
http://www.diamond.co.jp/
電話／03-5778-7235（編集）　03-5778-7240（販売）
装丁＆本文デザイン ―― 有限会社北路社
編集協力 ―――――― 古村龍也（Cre-Sea）、星野和子
制作進行 ―――――― ダイヤモンド・グラフィック社
印　刷 ―――――― 信毎書籍印刷（本文）・加藤文明社（カバー）
製　本 ―――――― 本間製本
編集担当 ―――――― 小出康成・花岡則夫

ISBN 978-4-478-10779-9